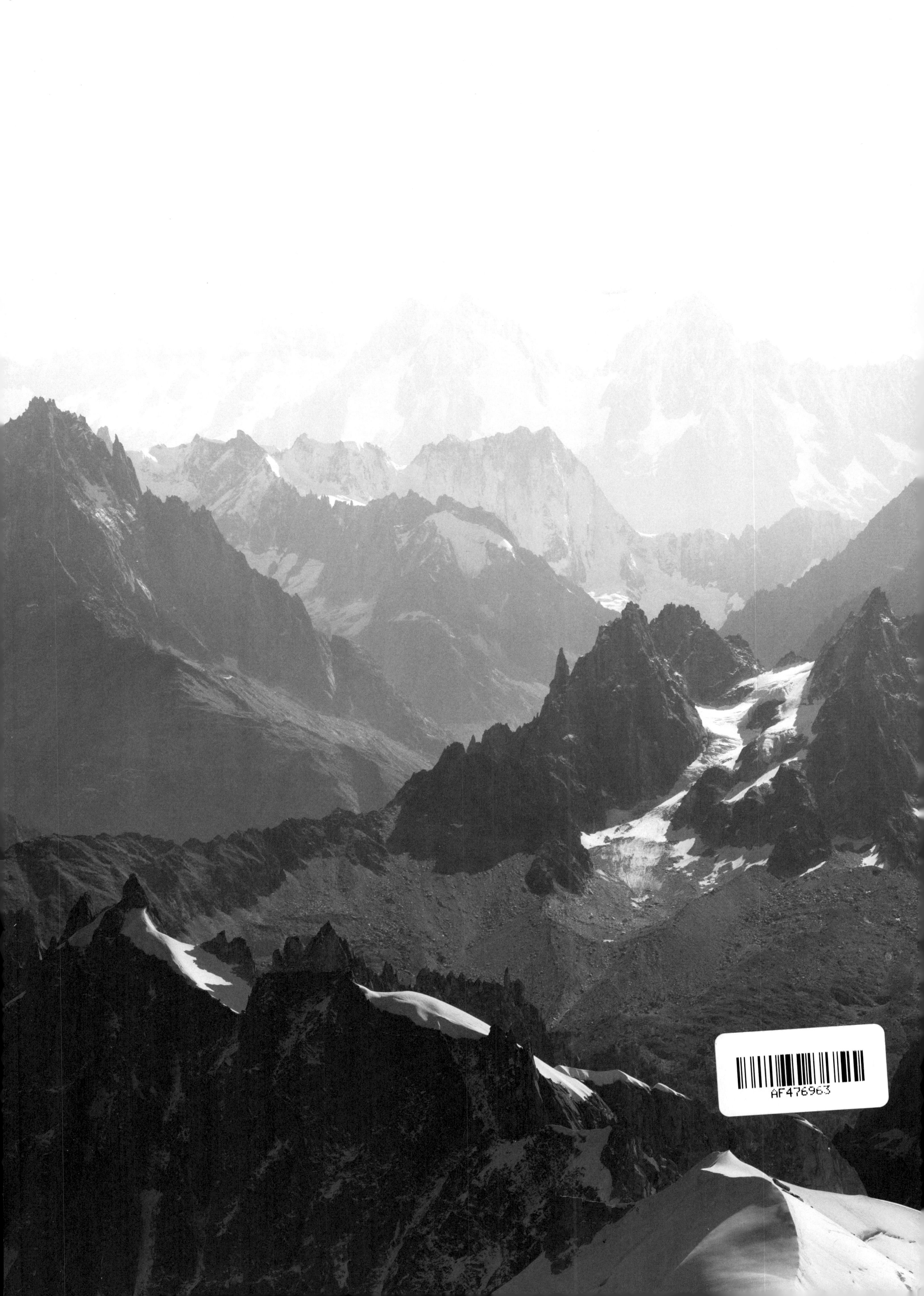

FERNANDO

MASELLI

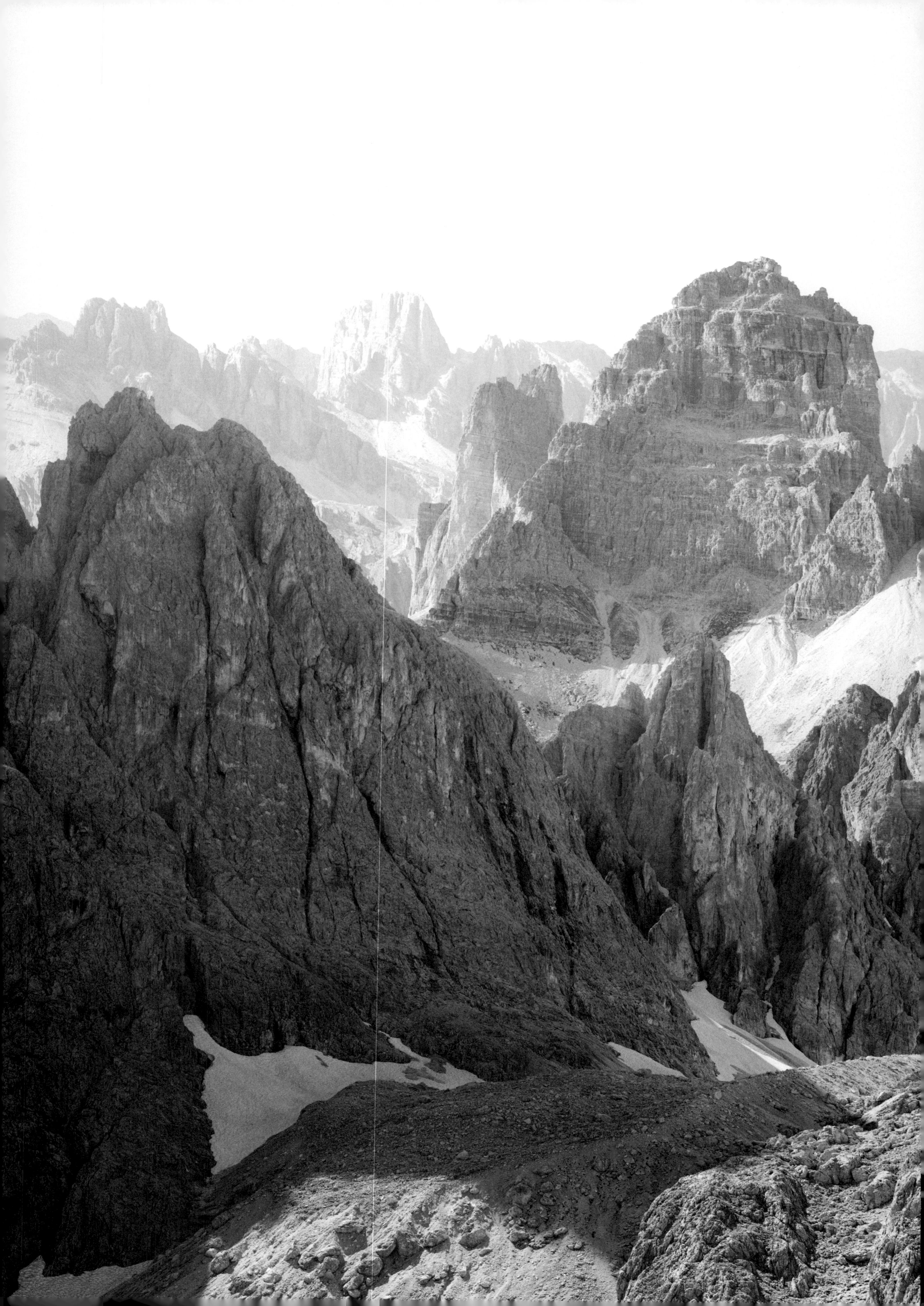

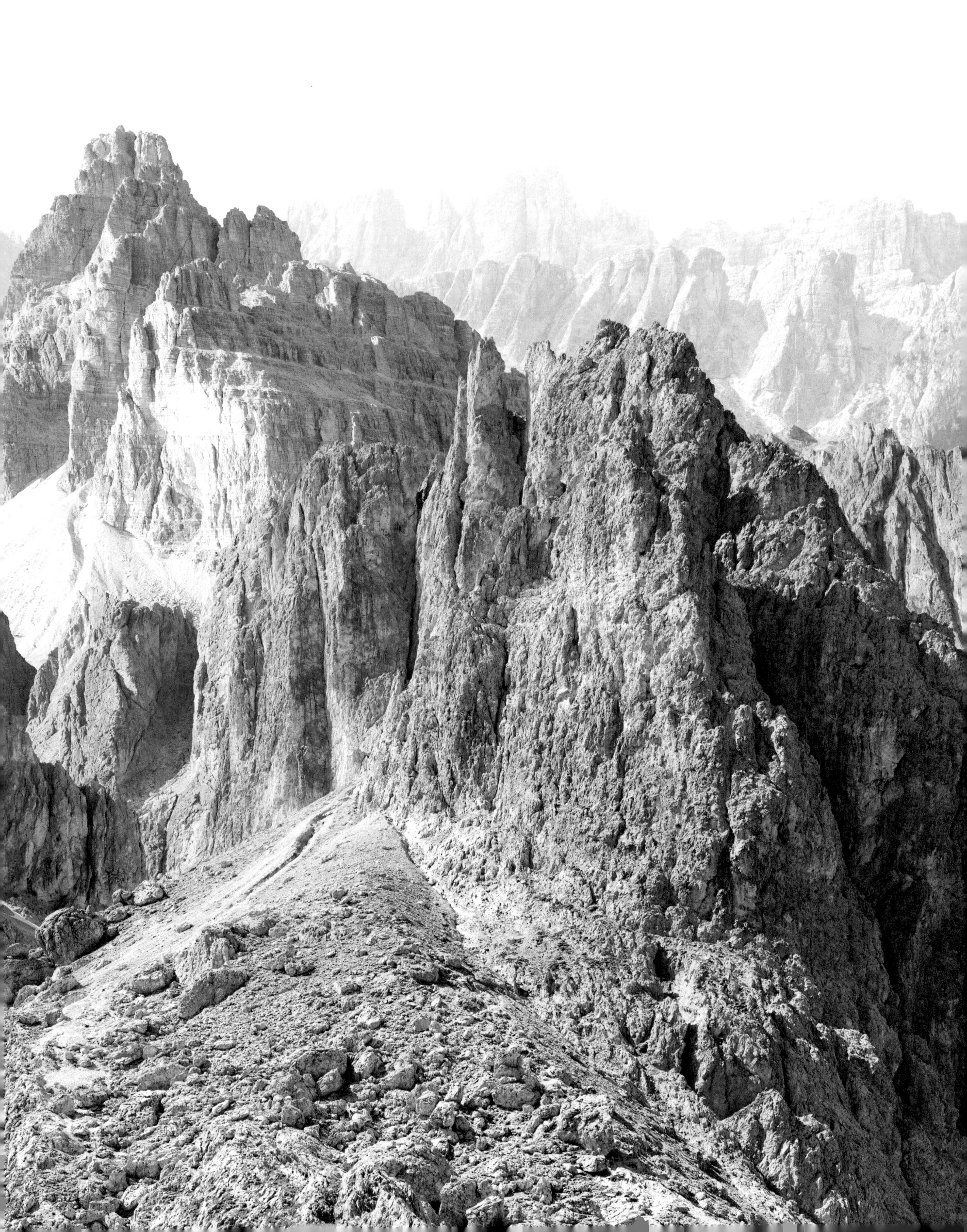

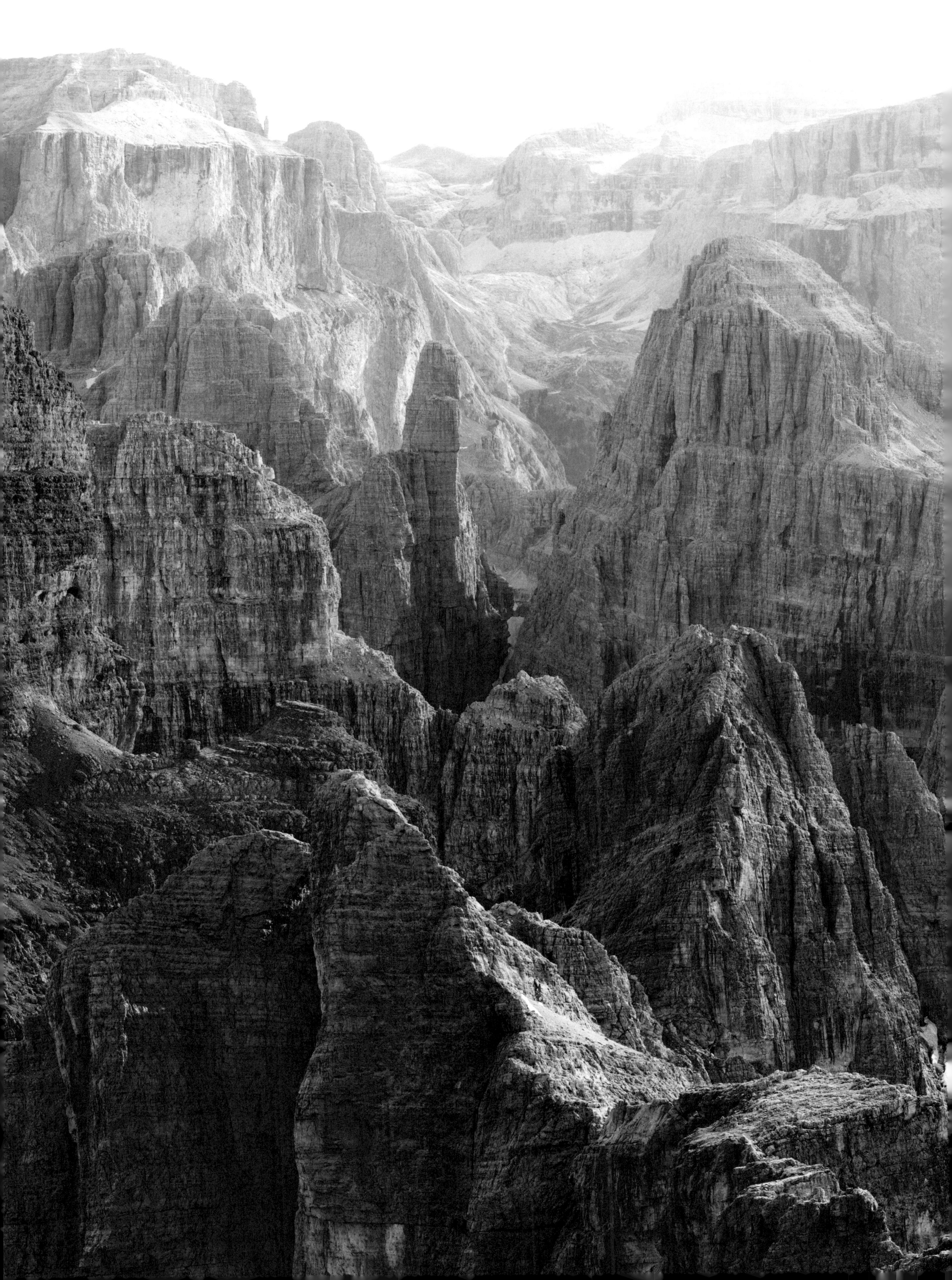

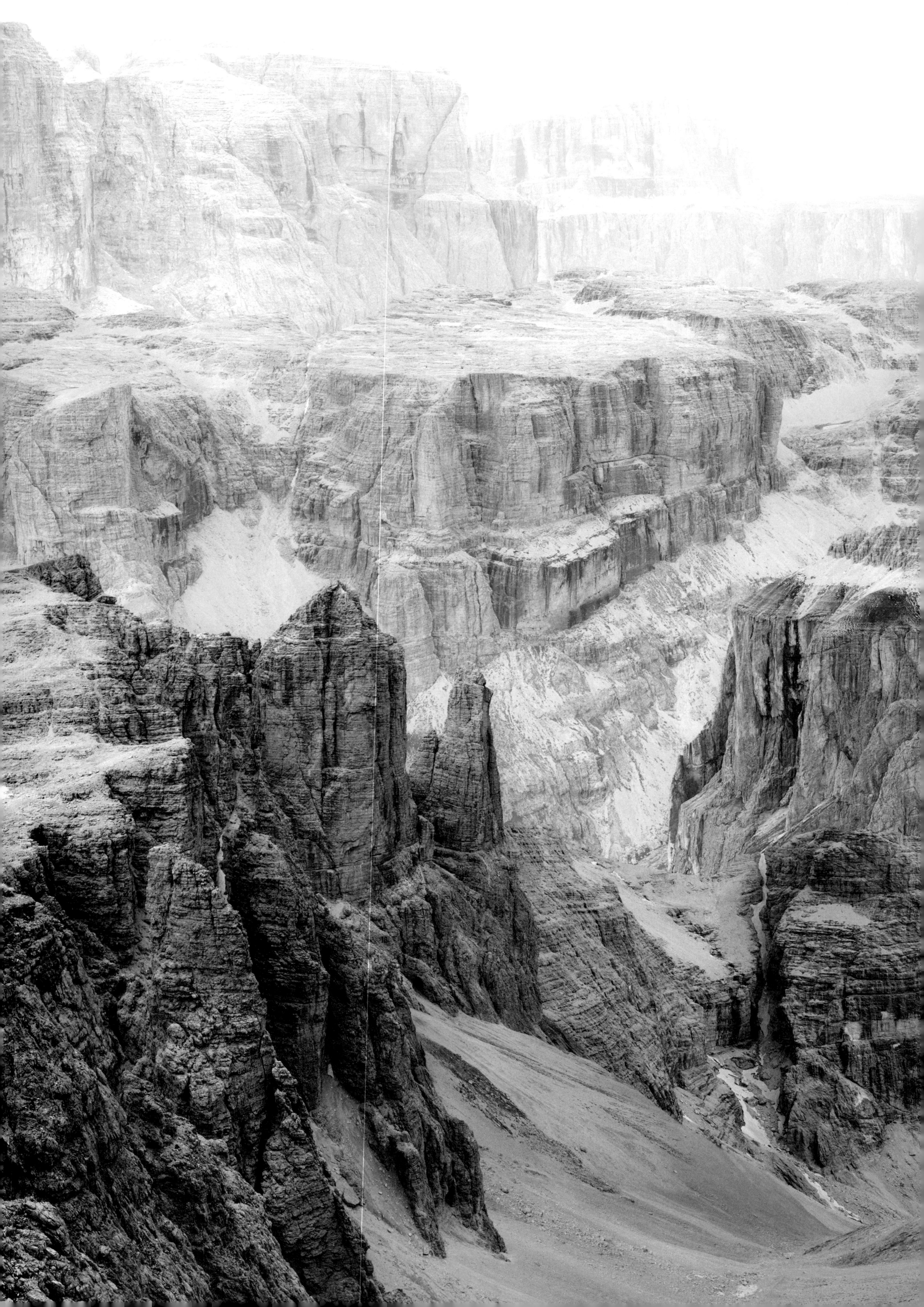

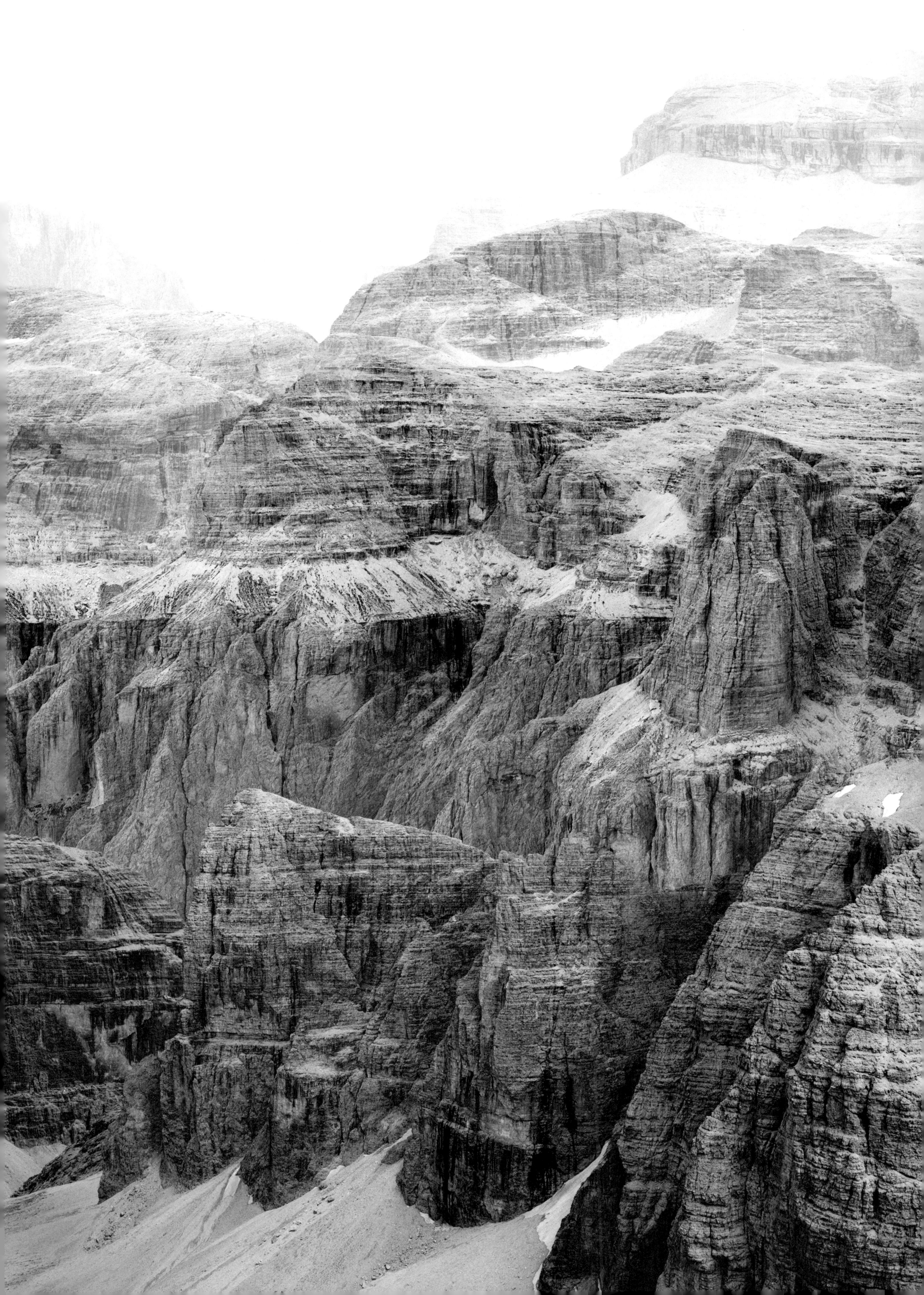

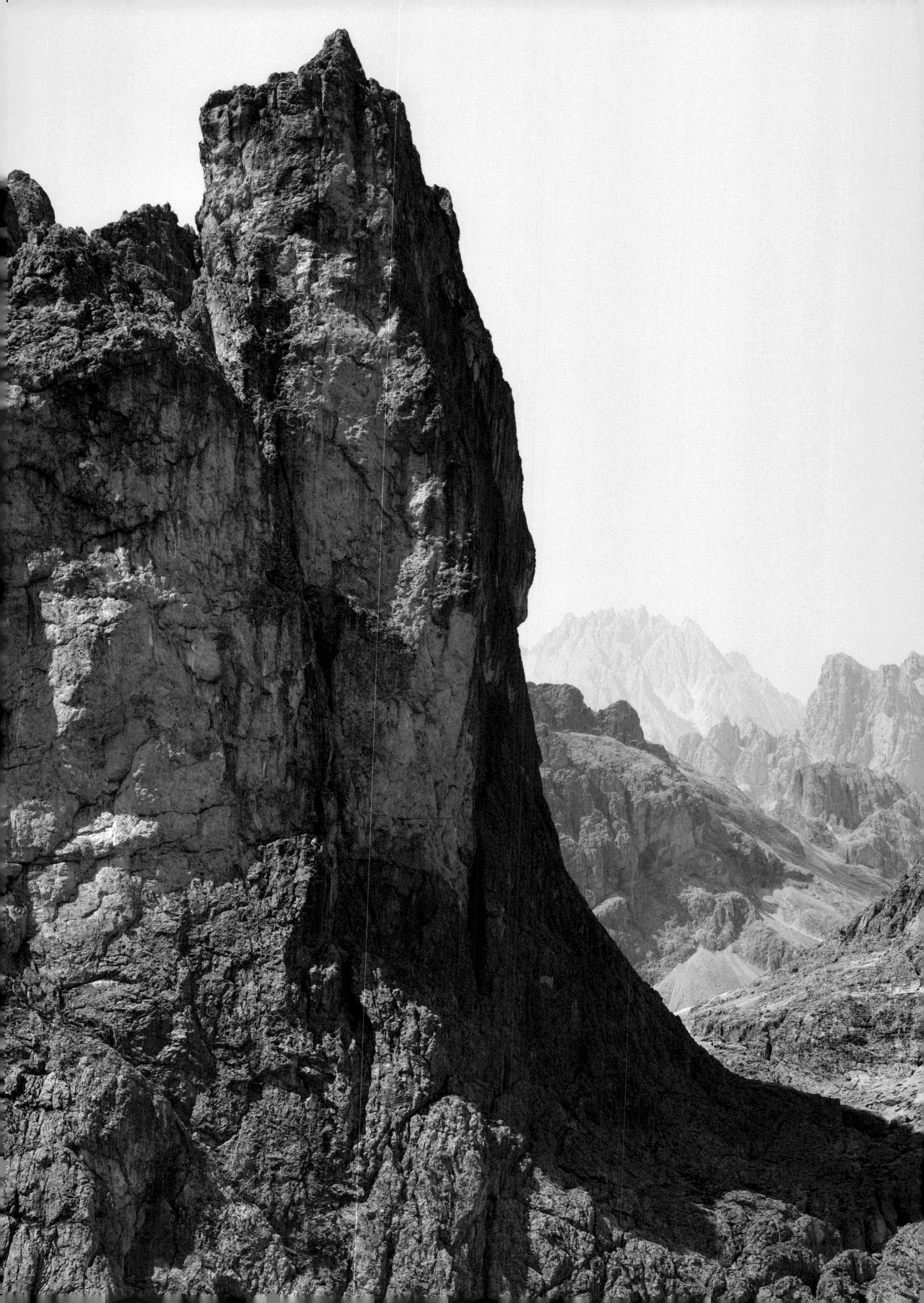

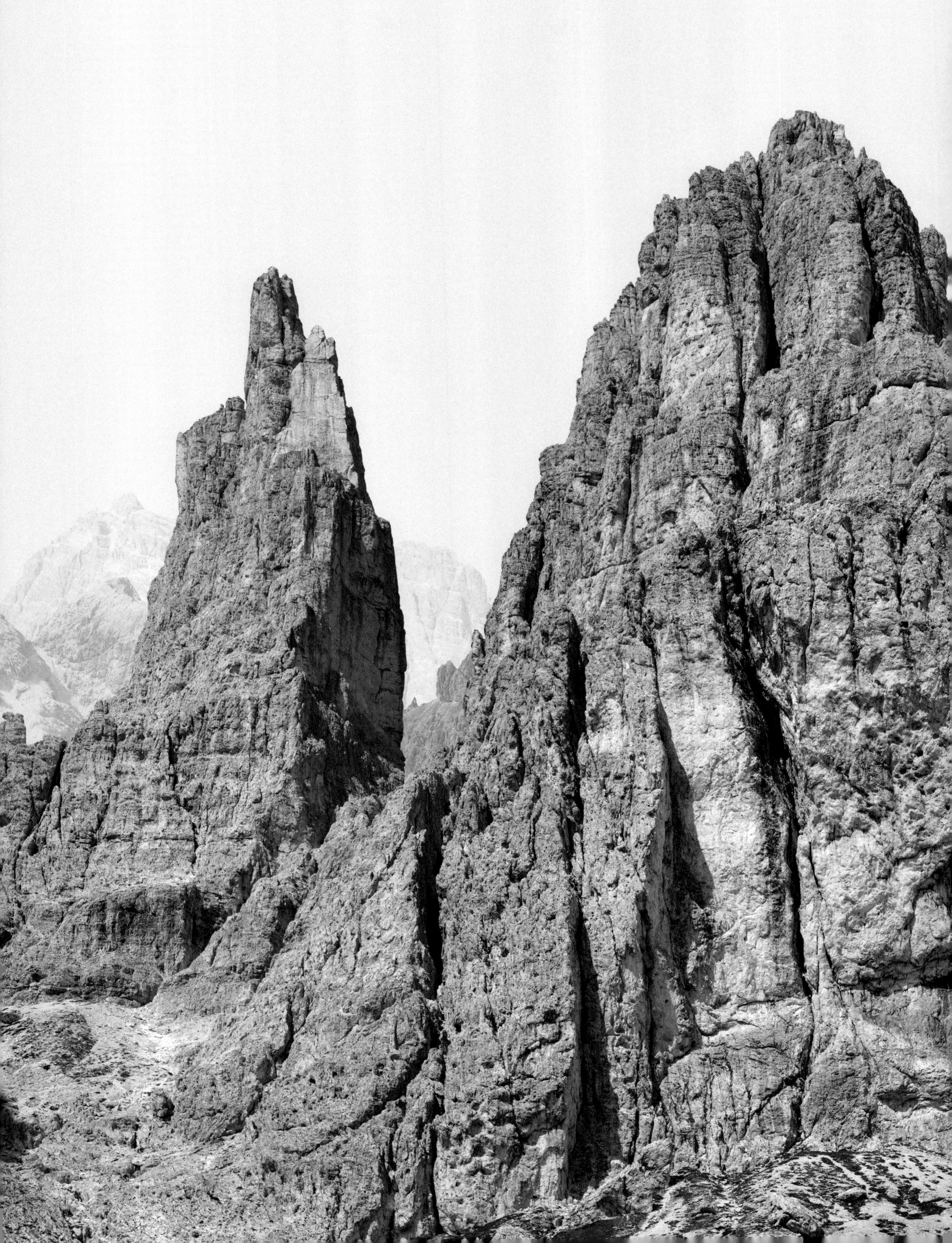

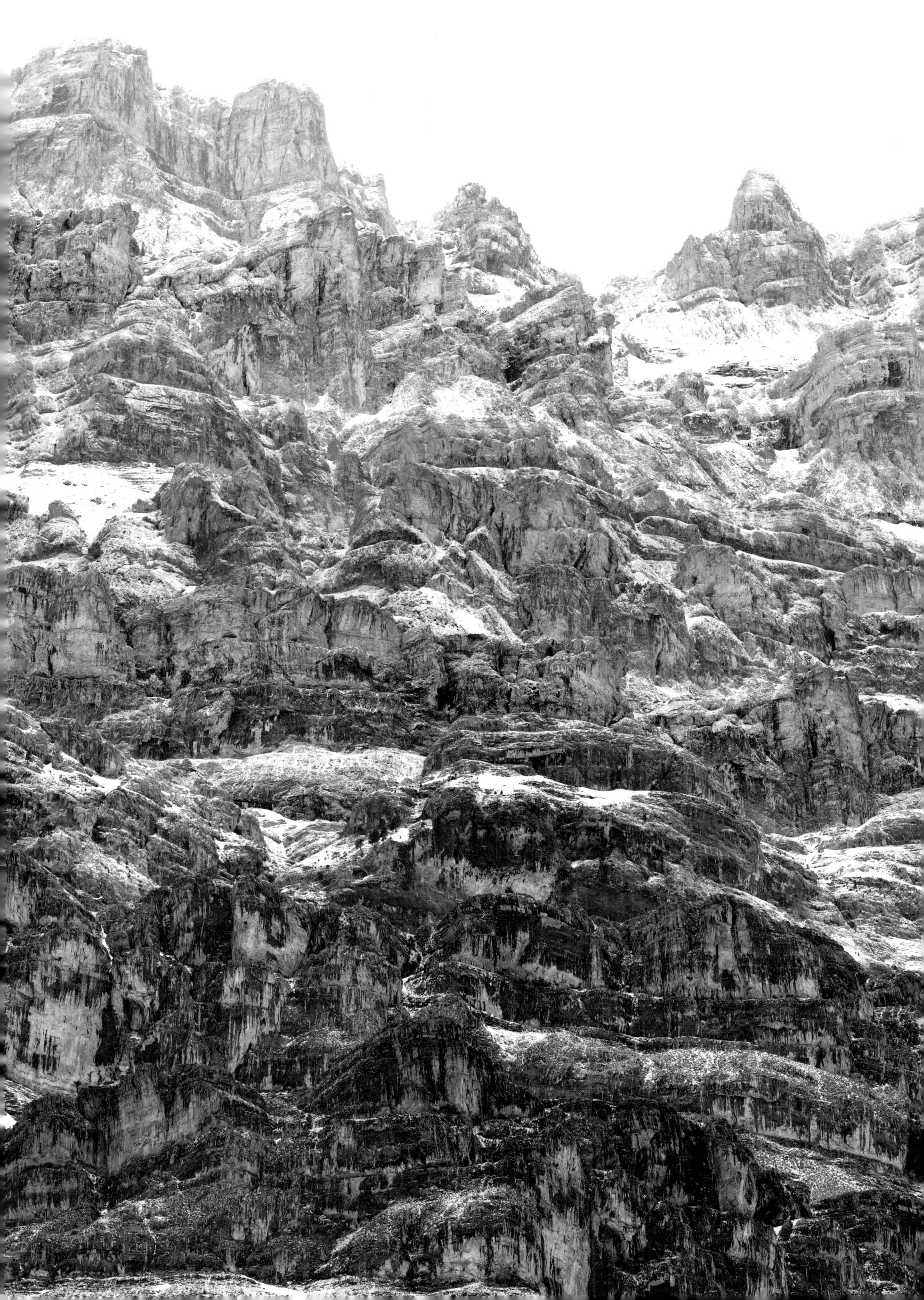

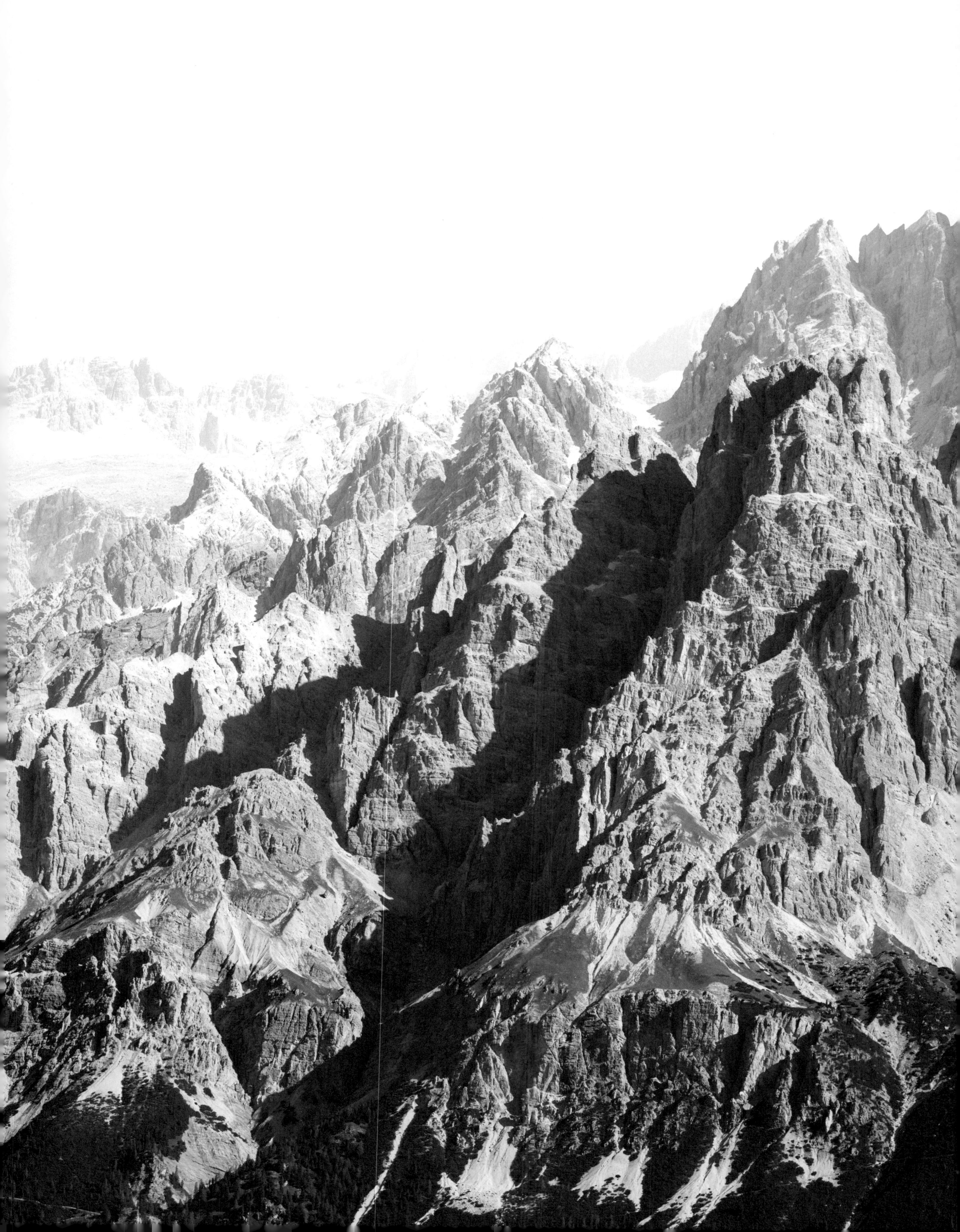

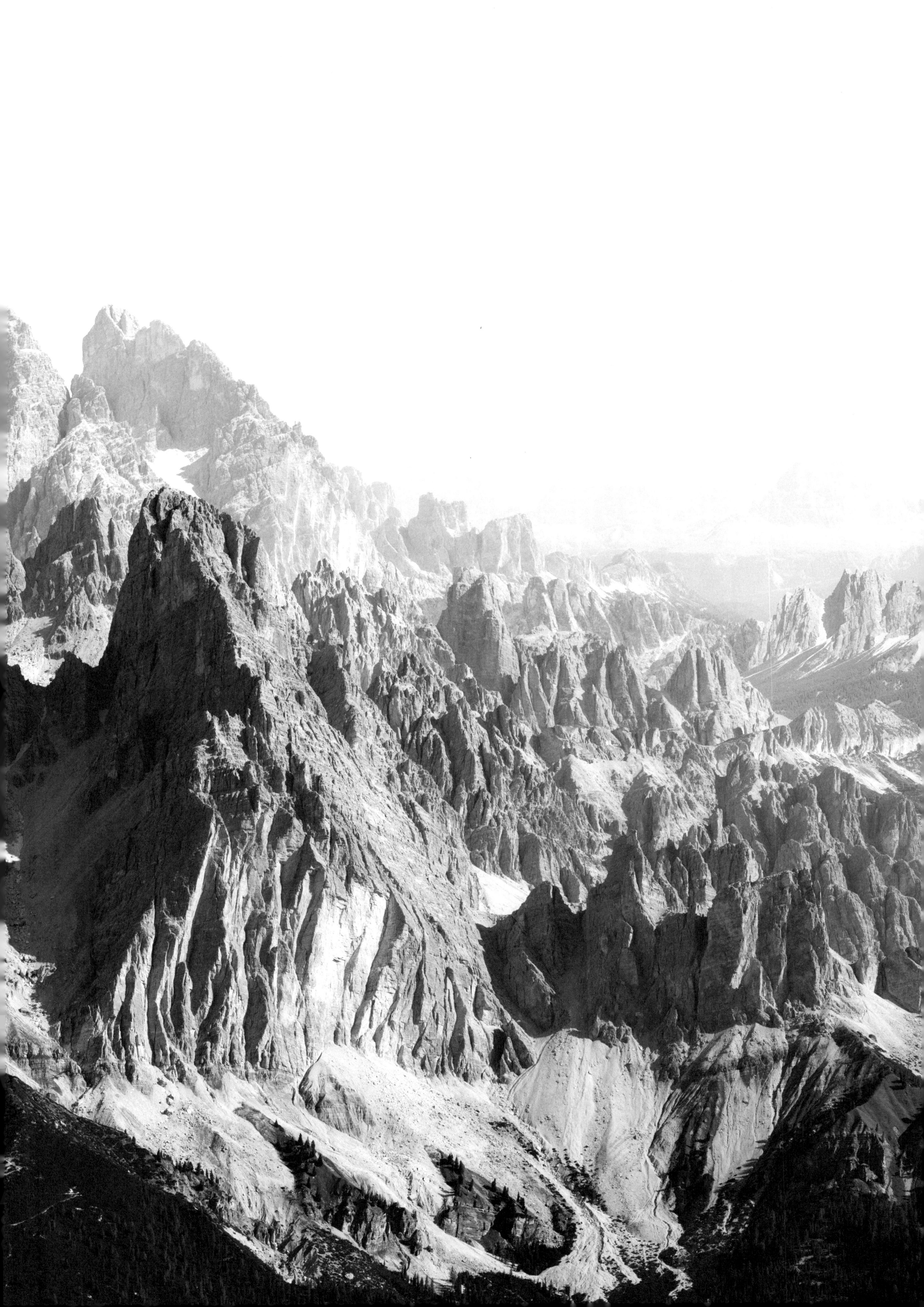

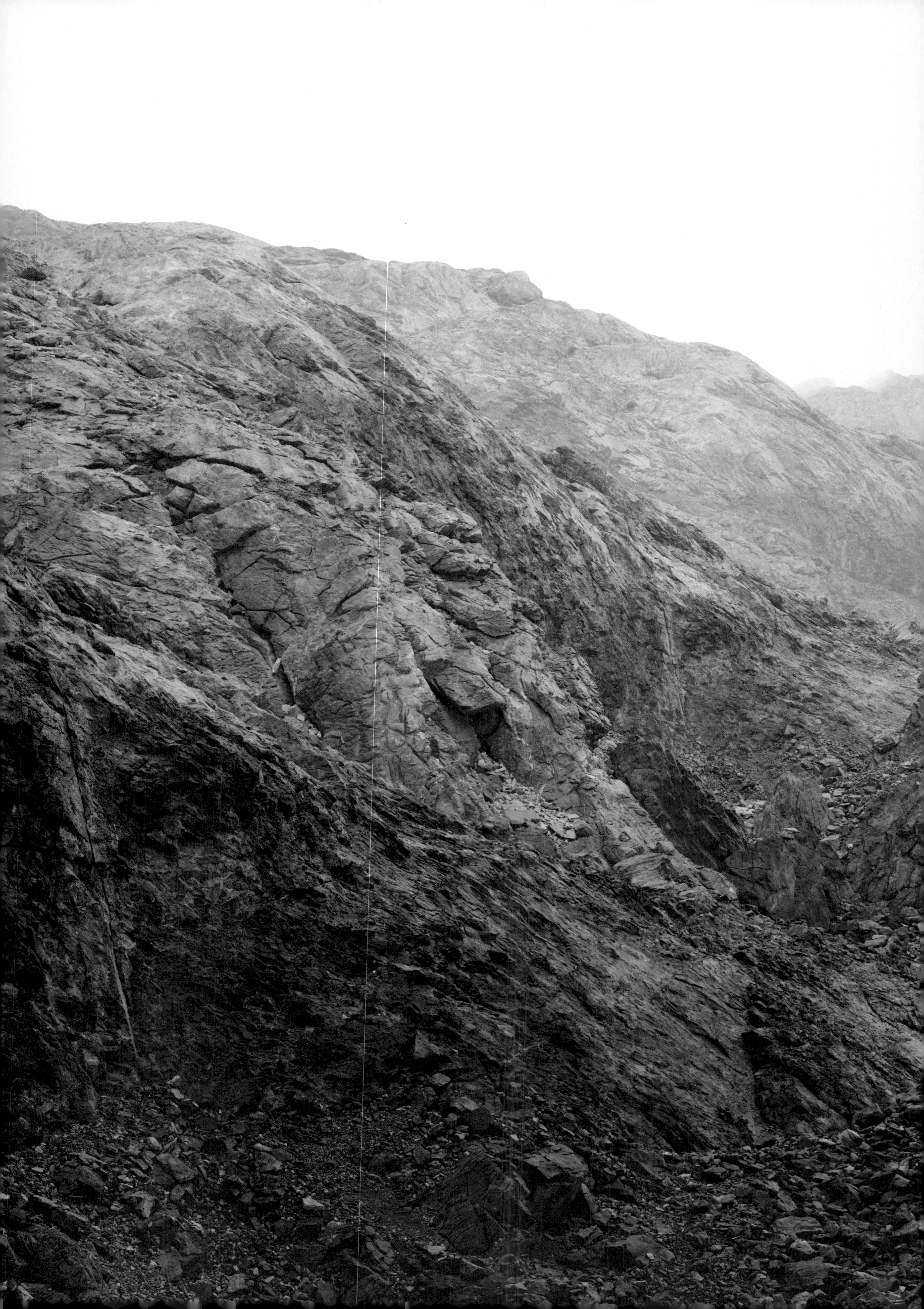

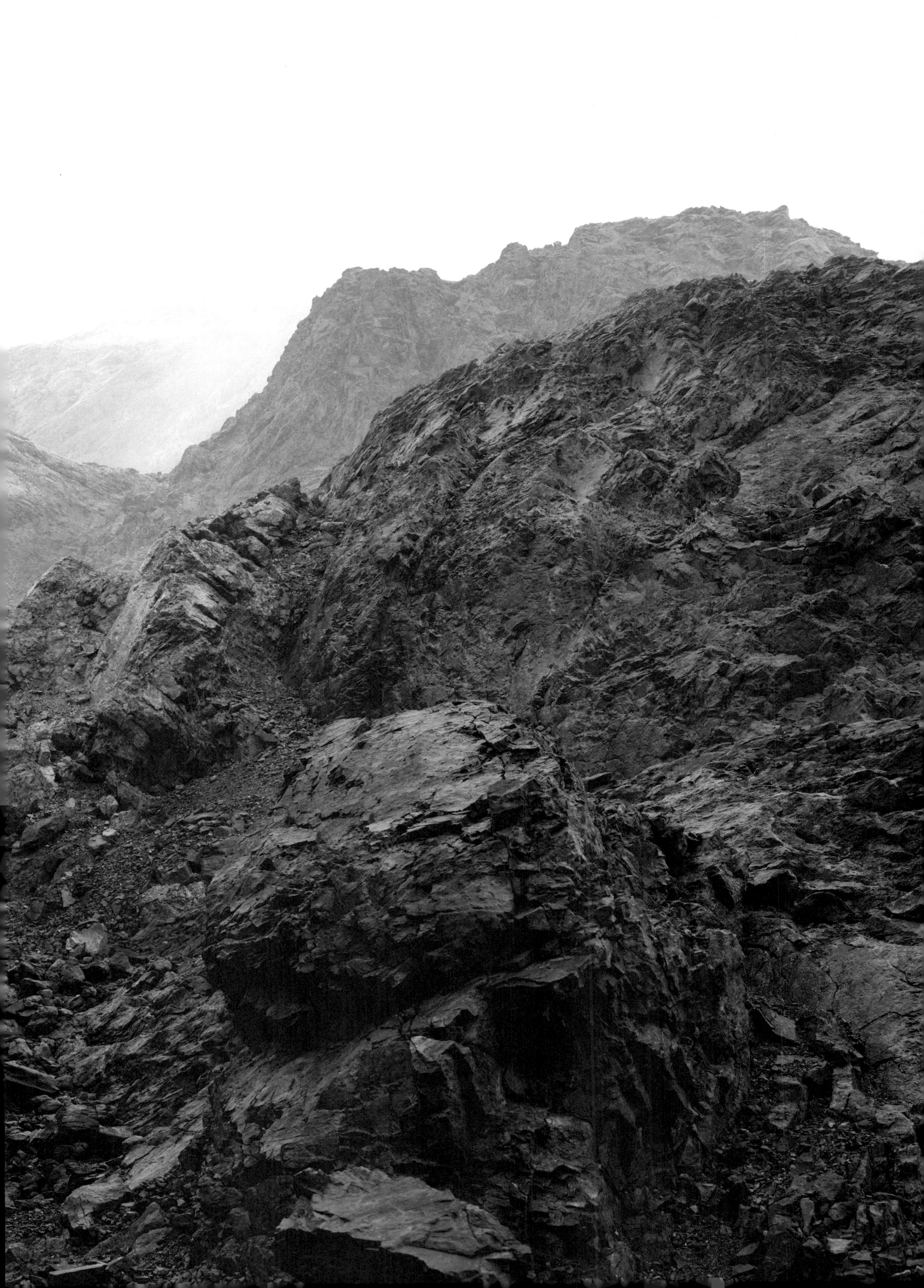

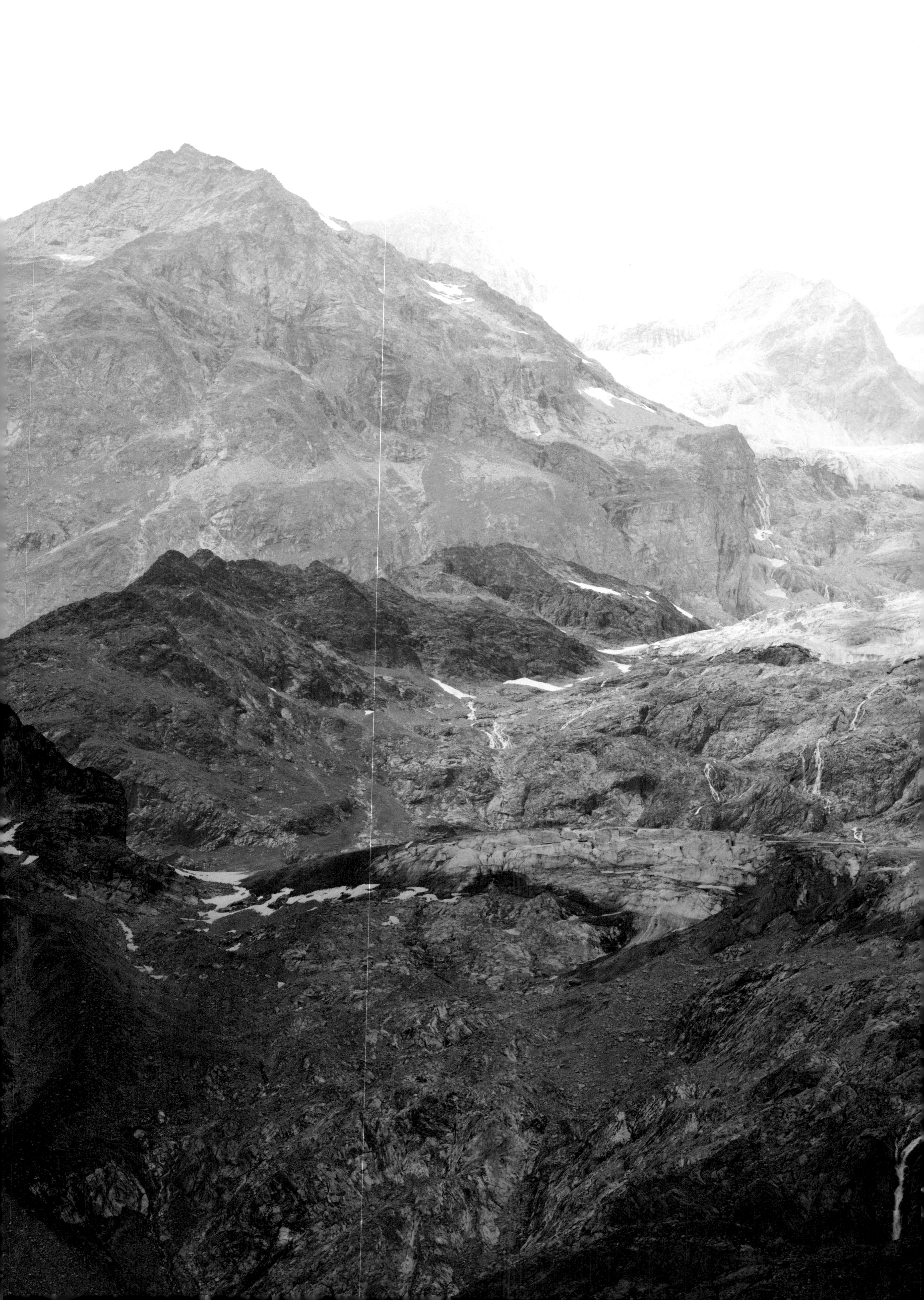

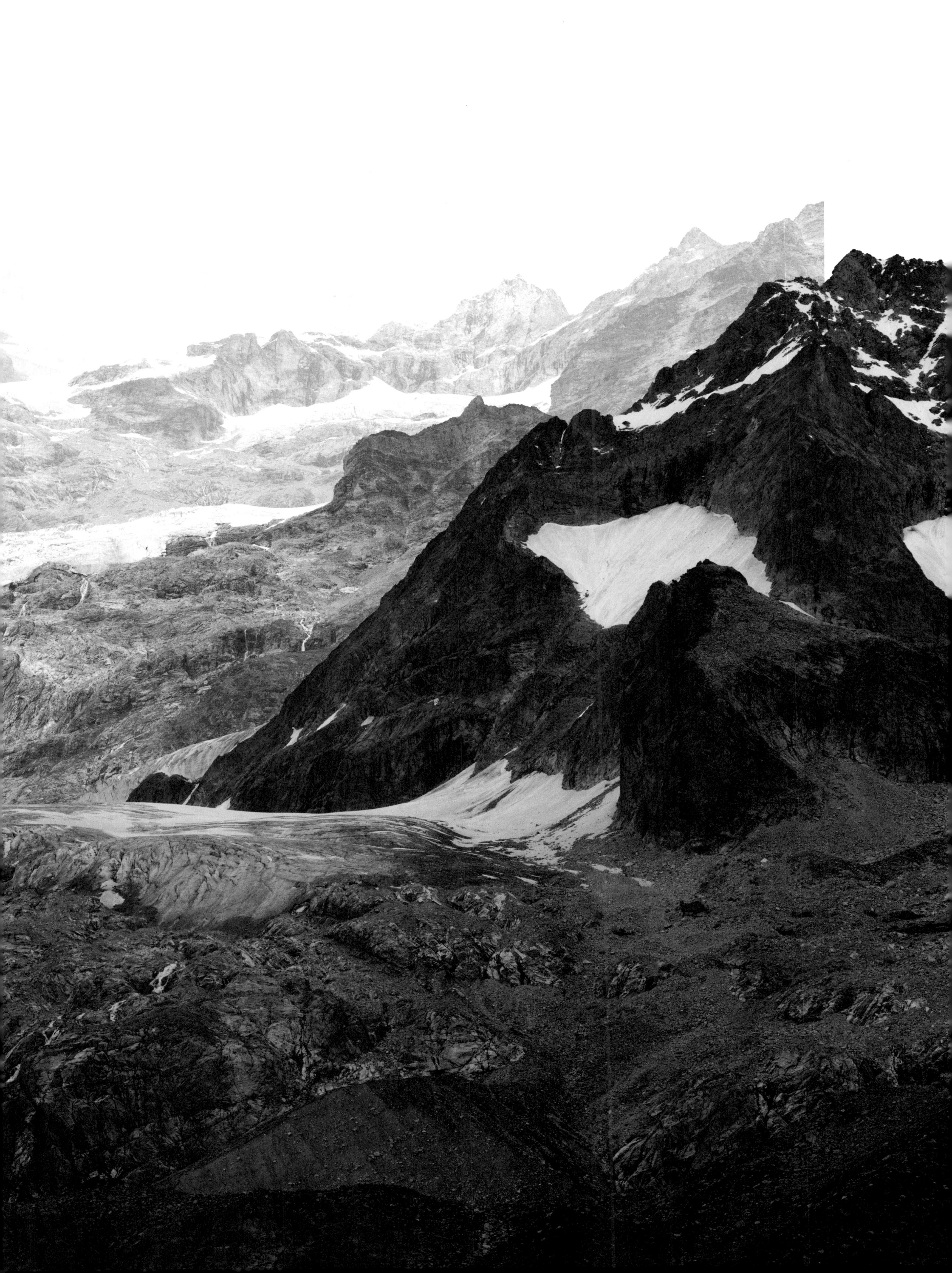

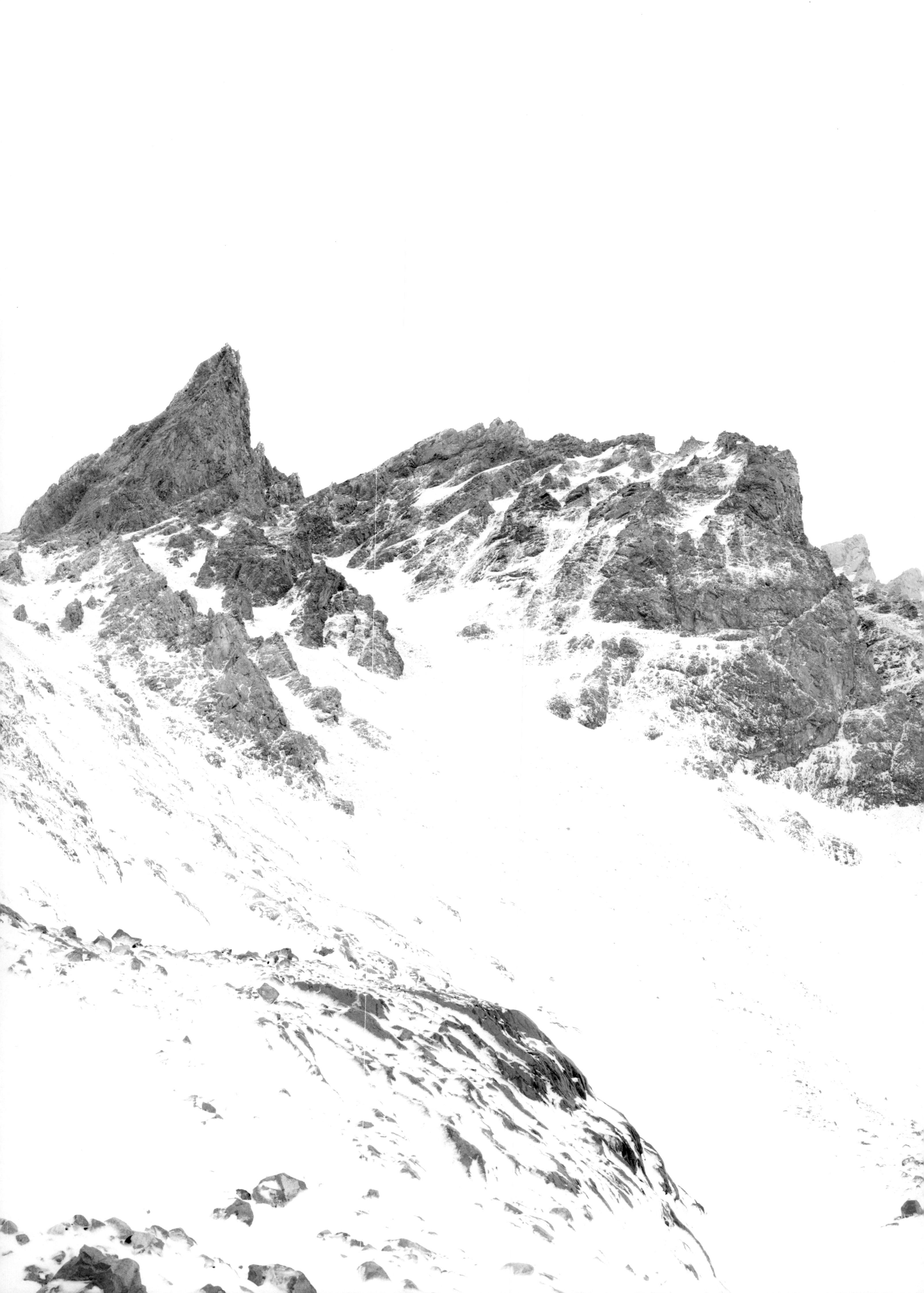

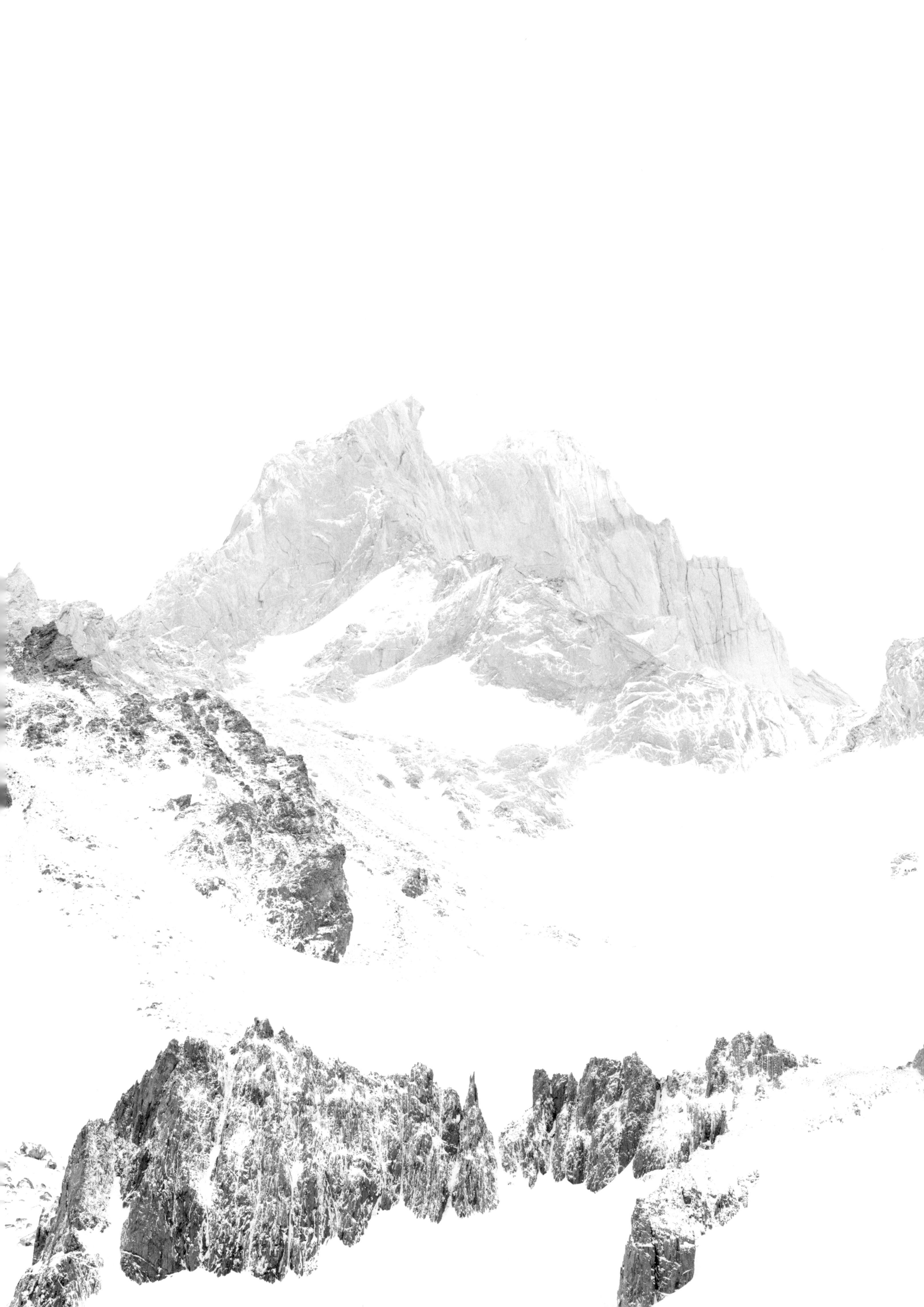

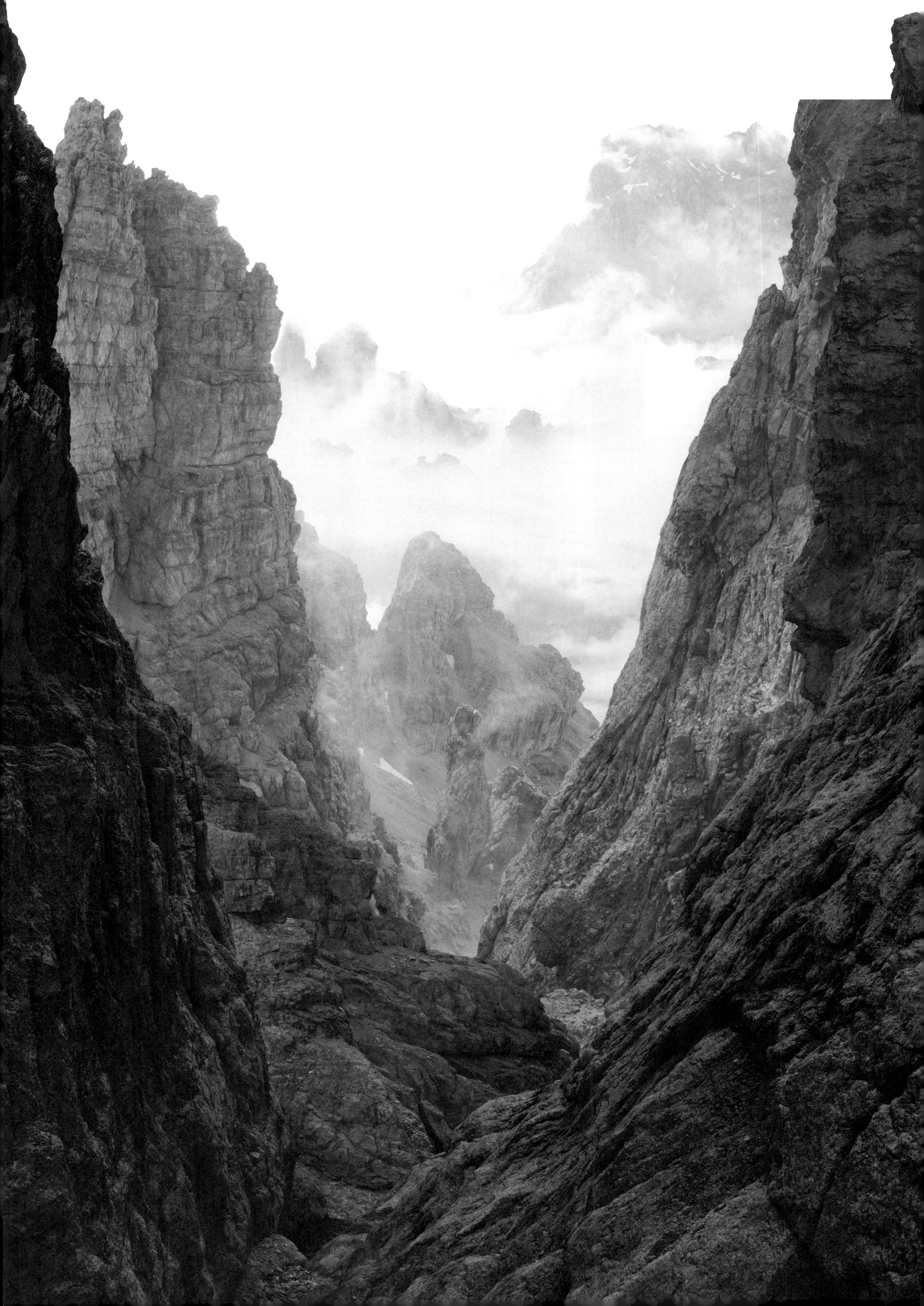

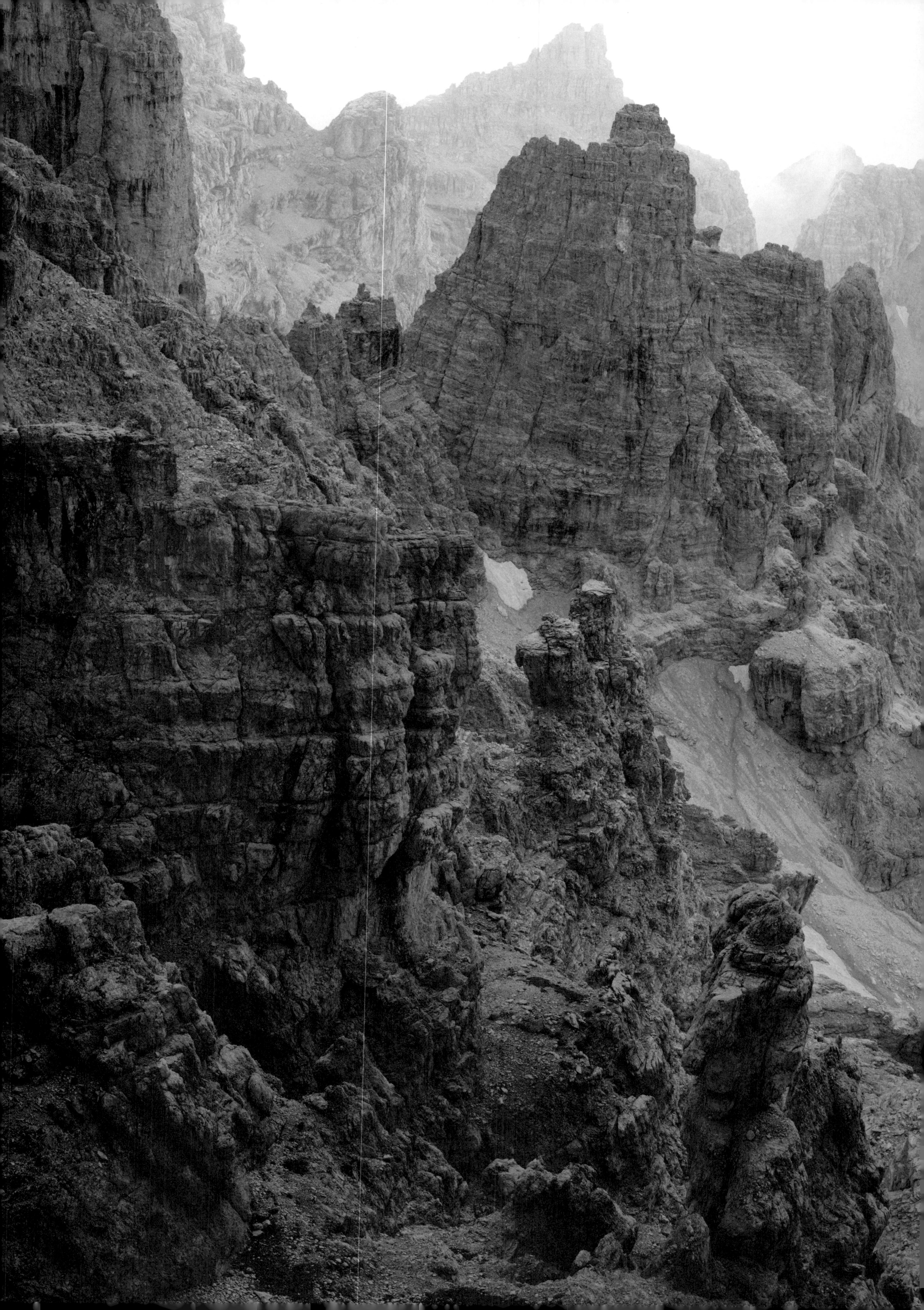

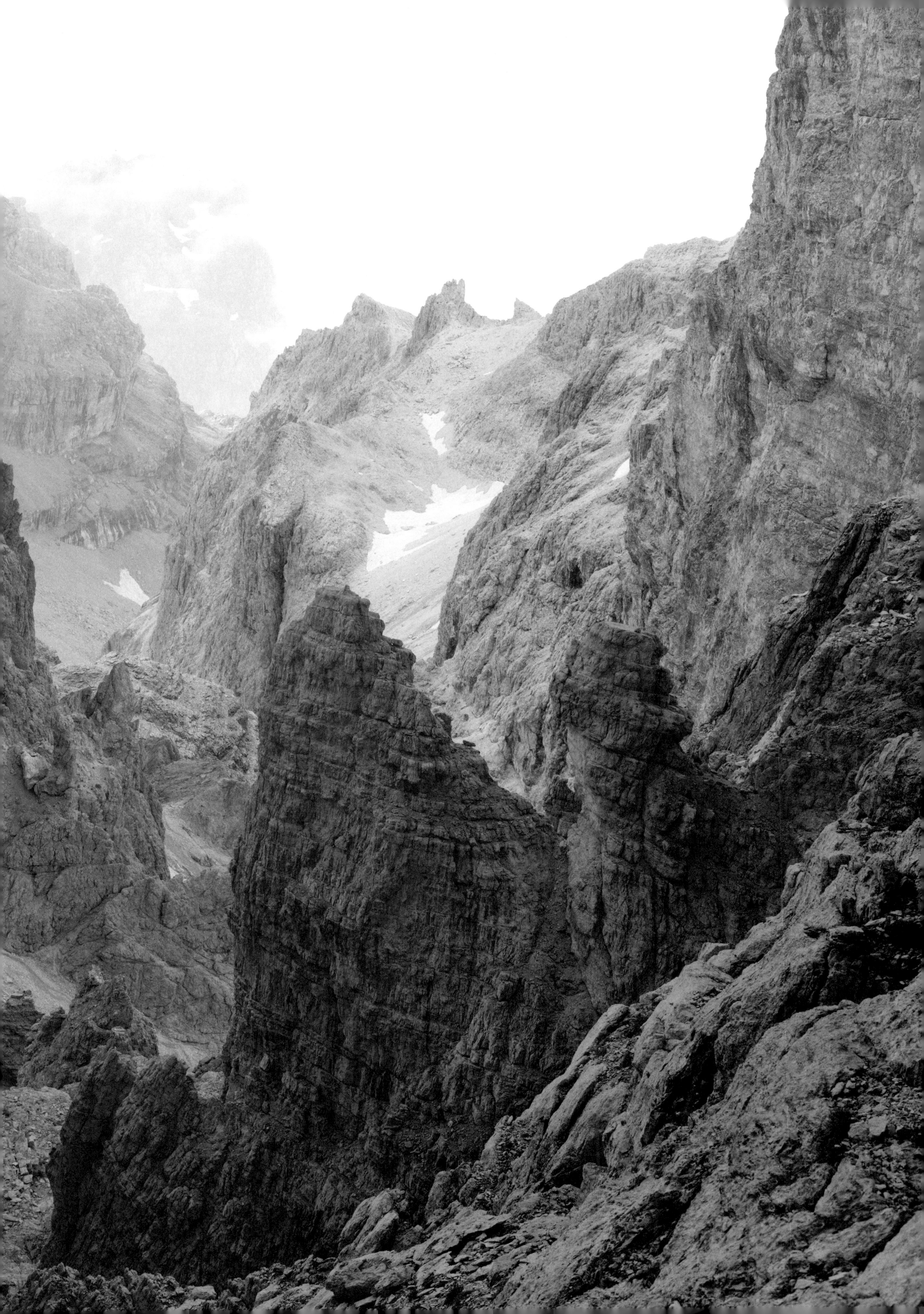

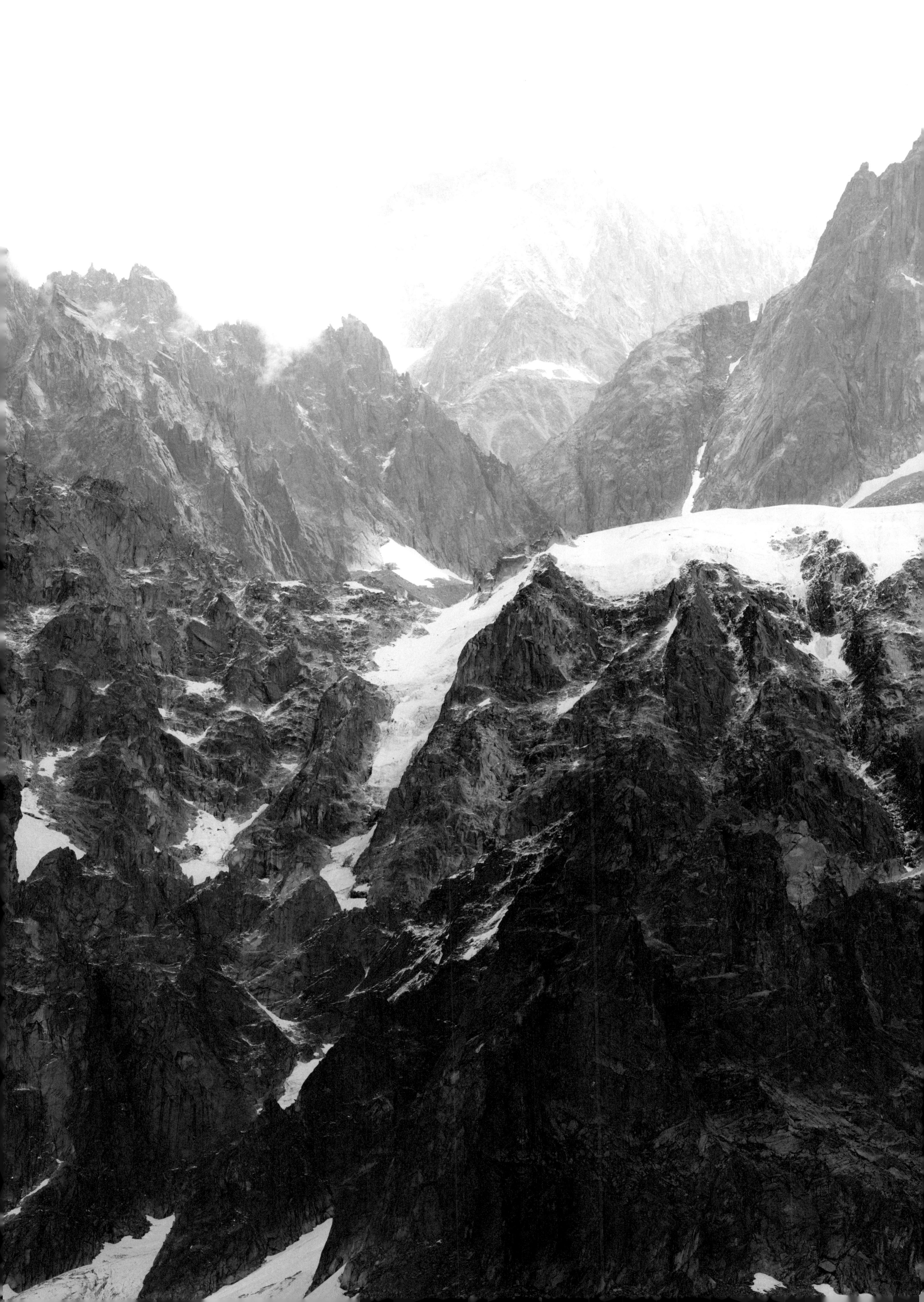

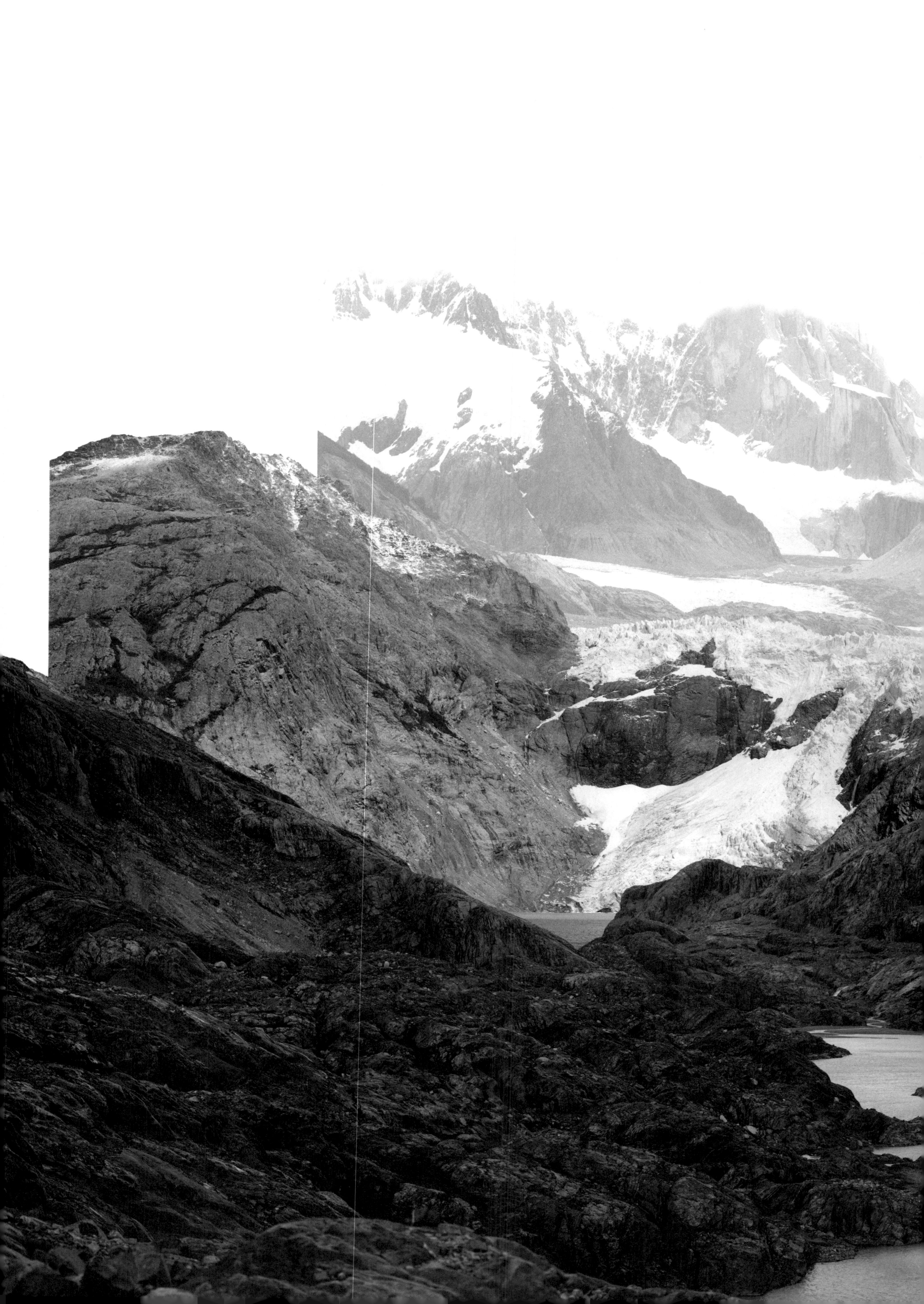

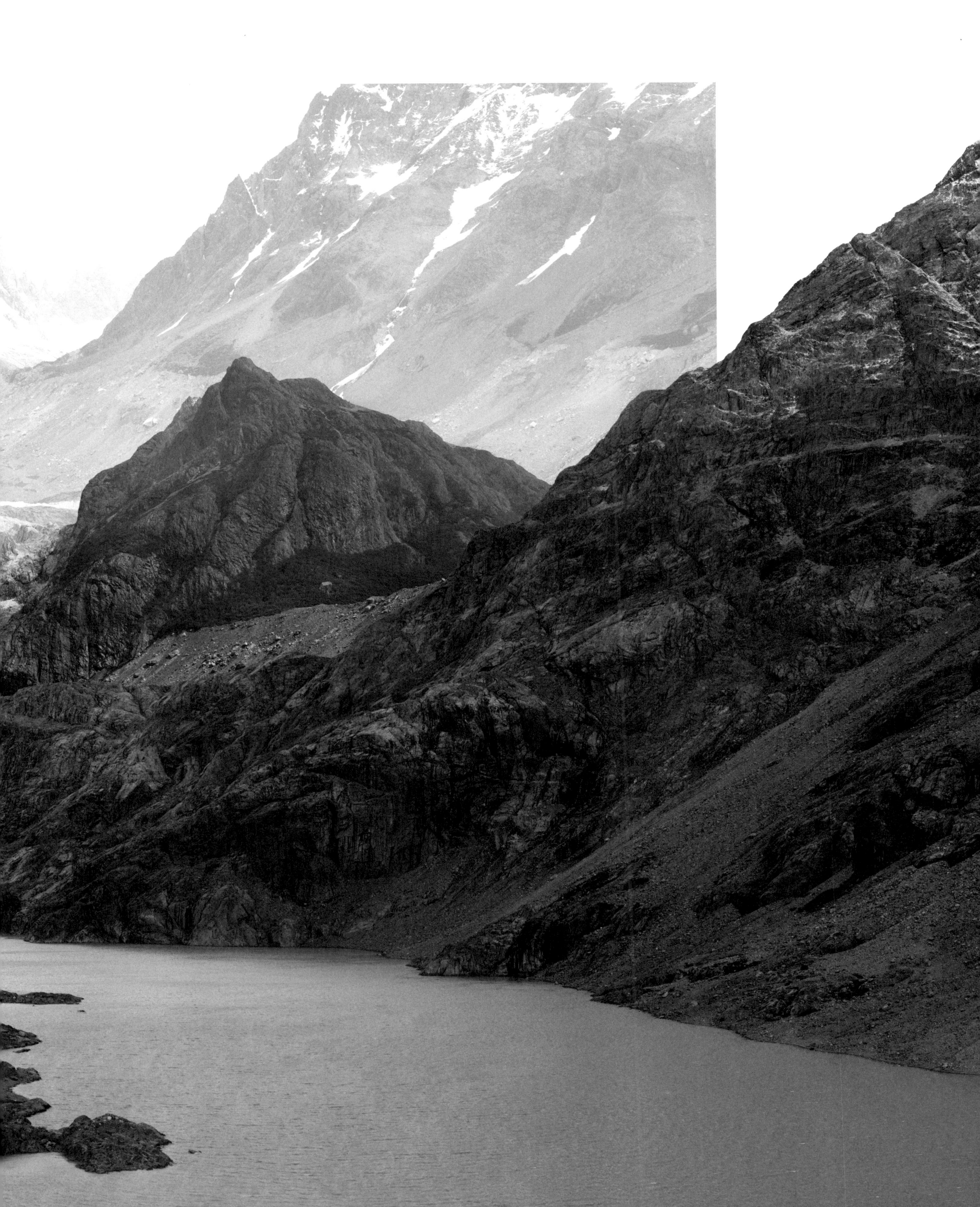

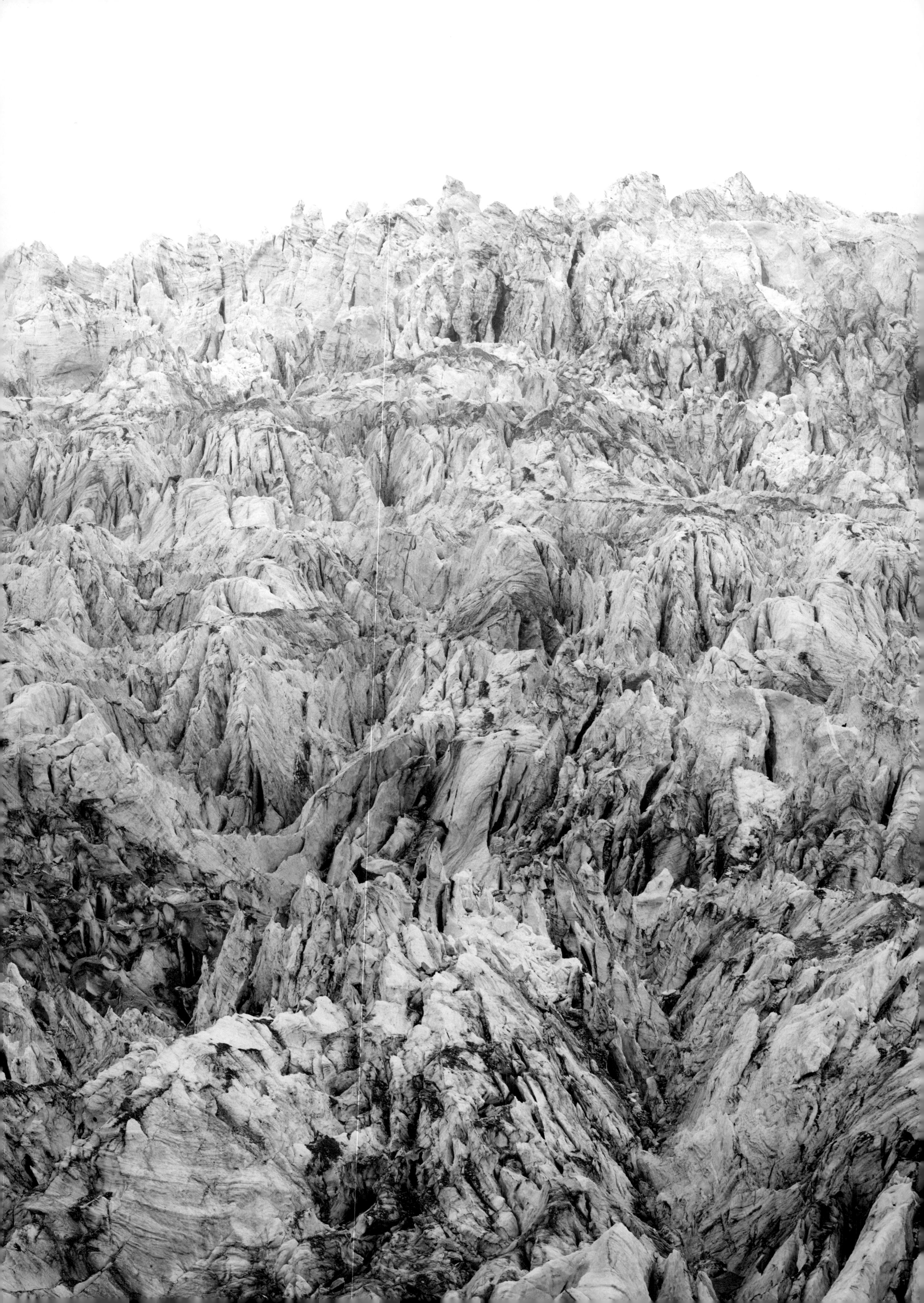

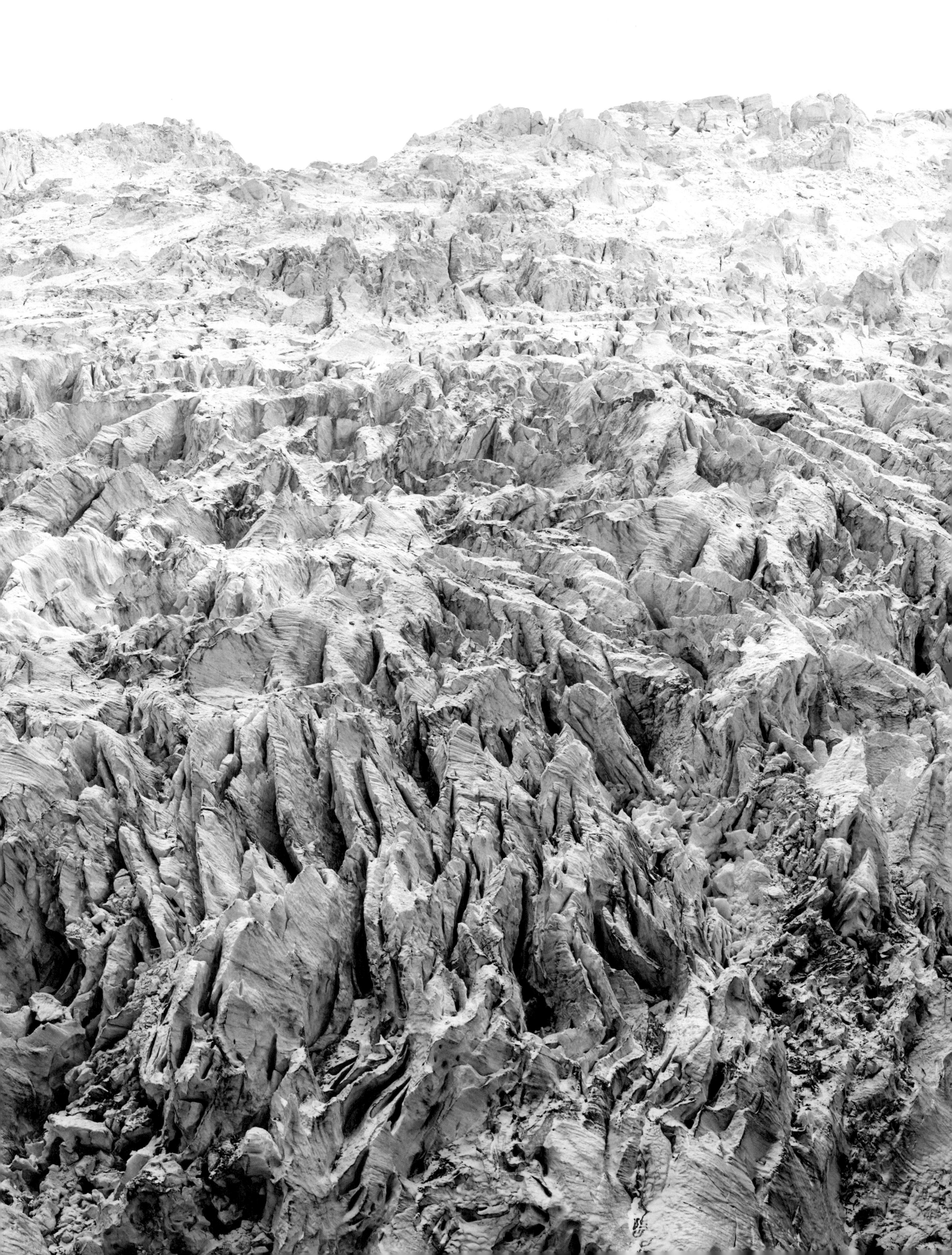

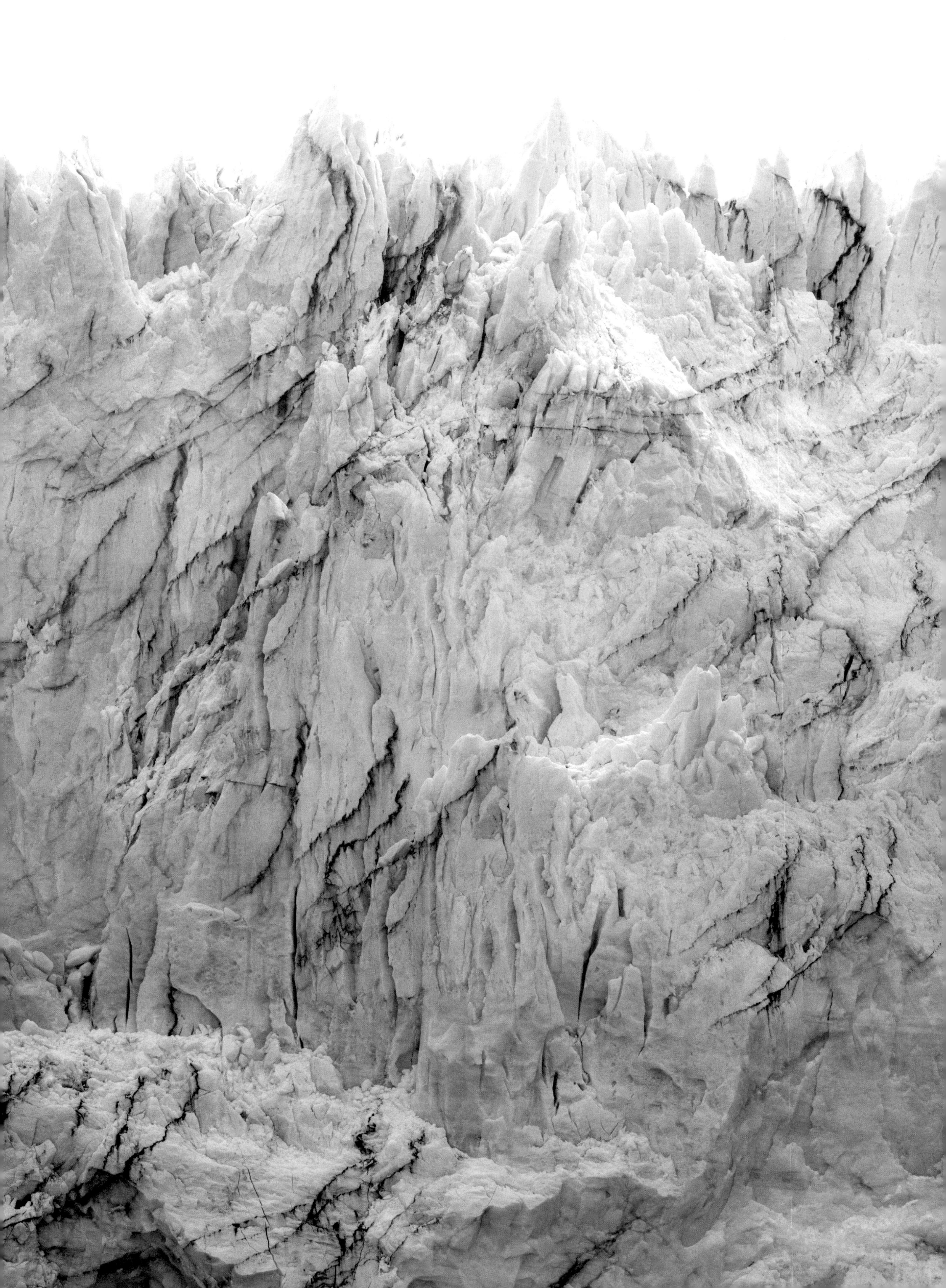

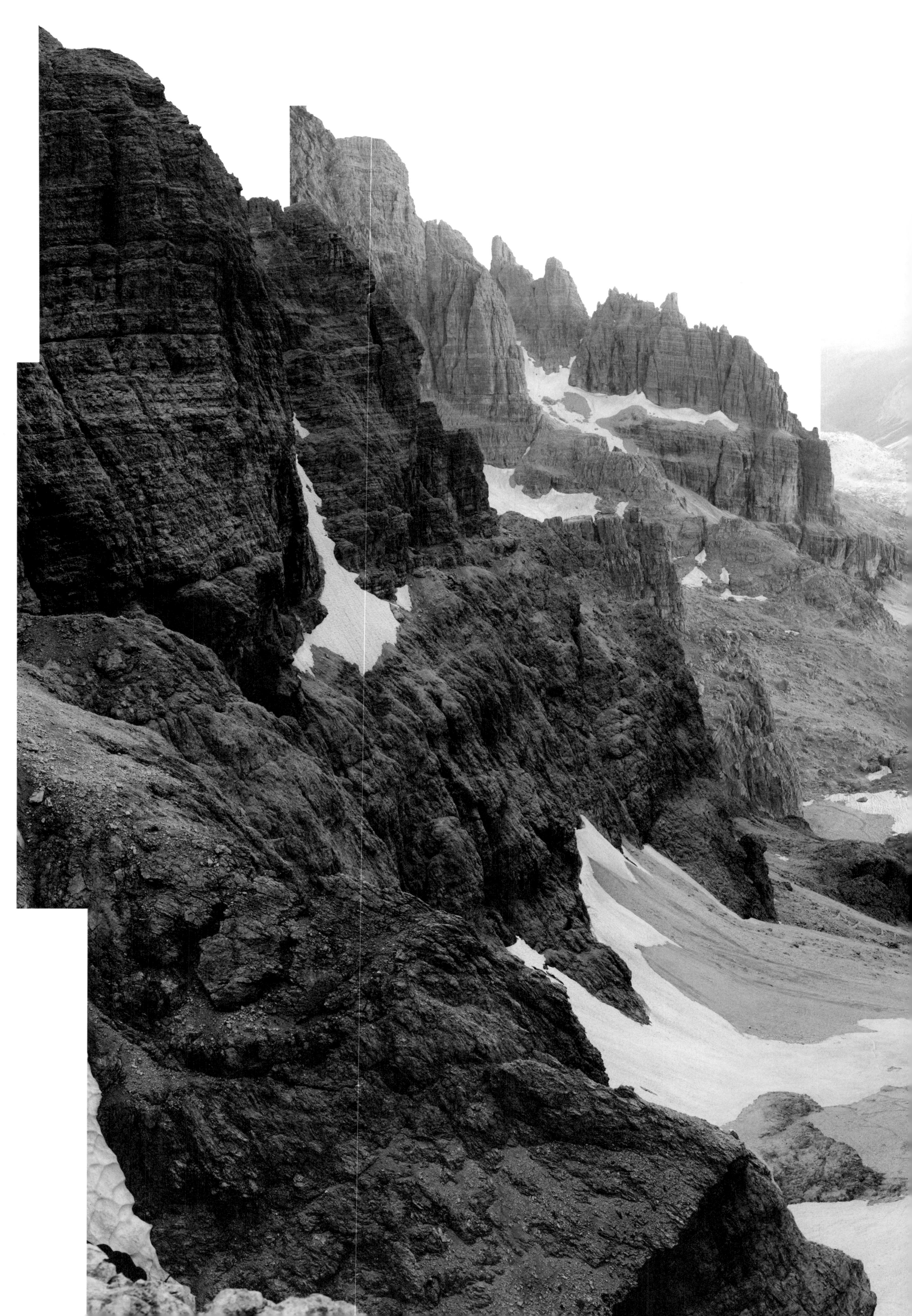

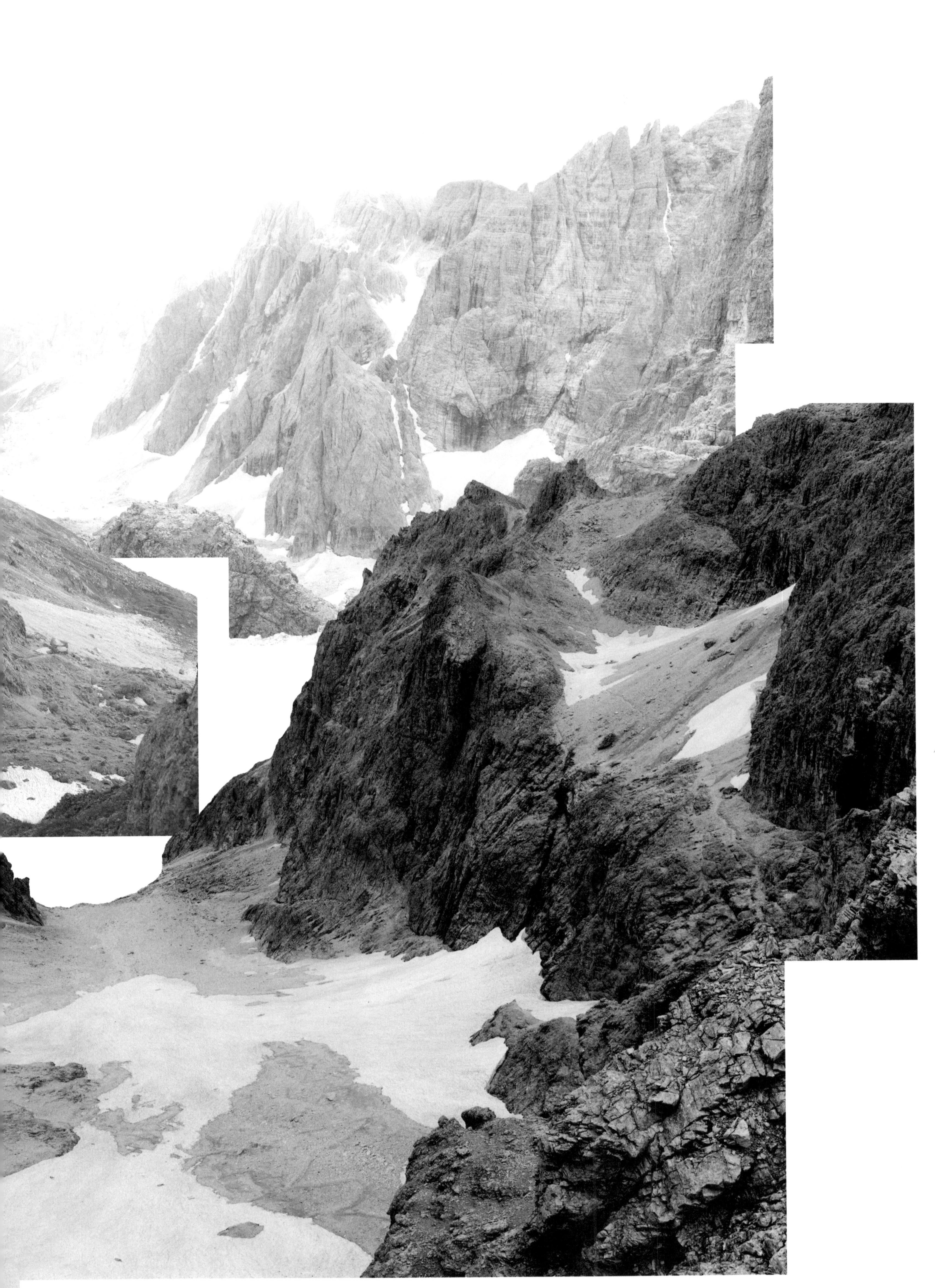

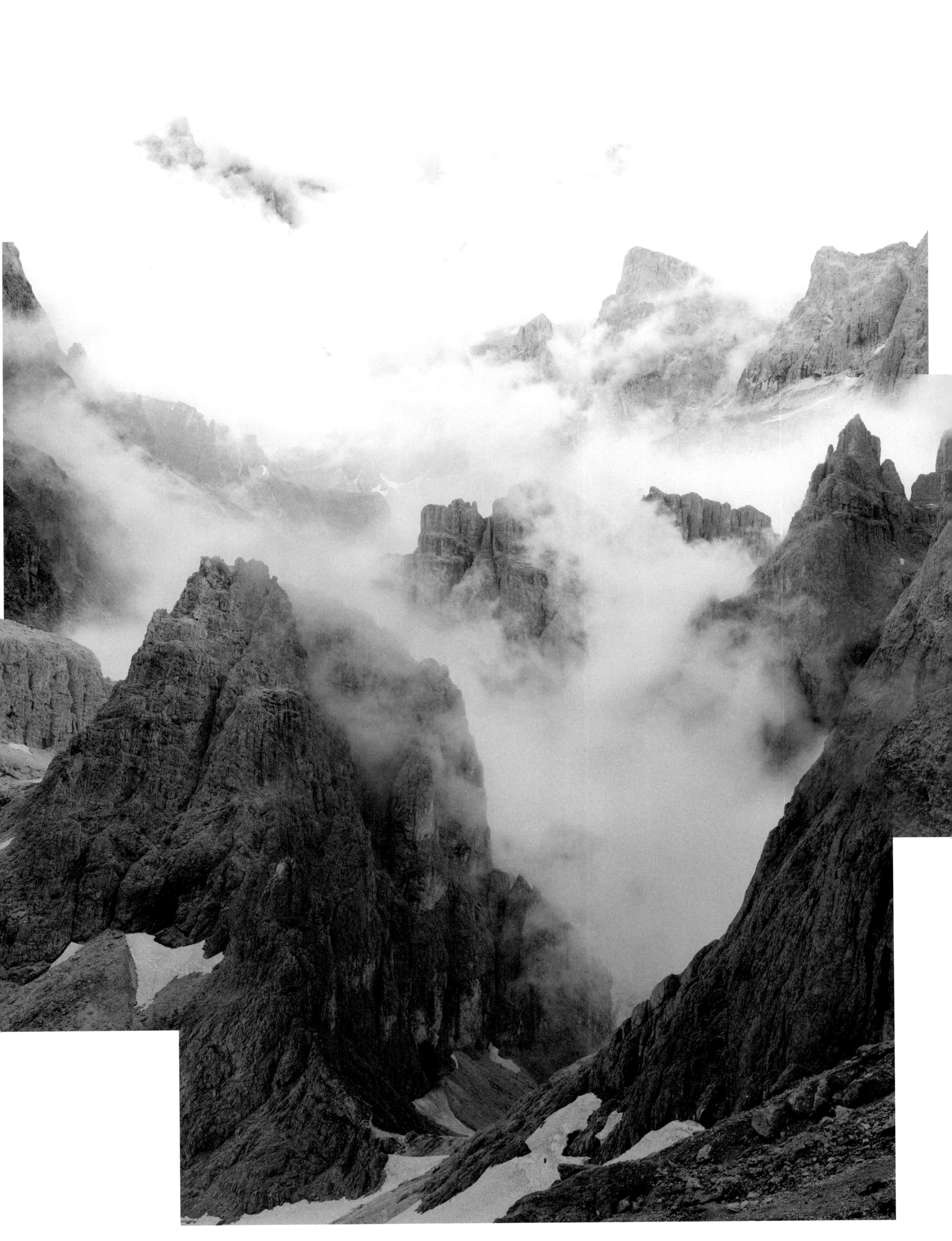

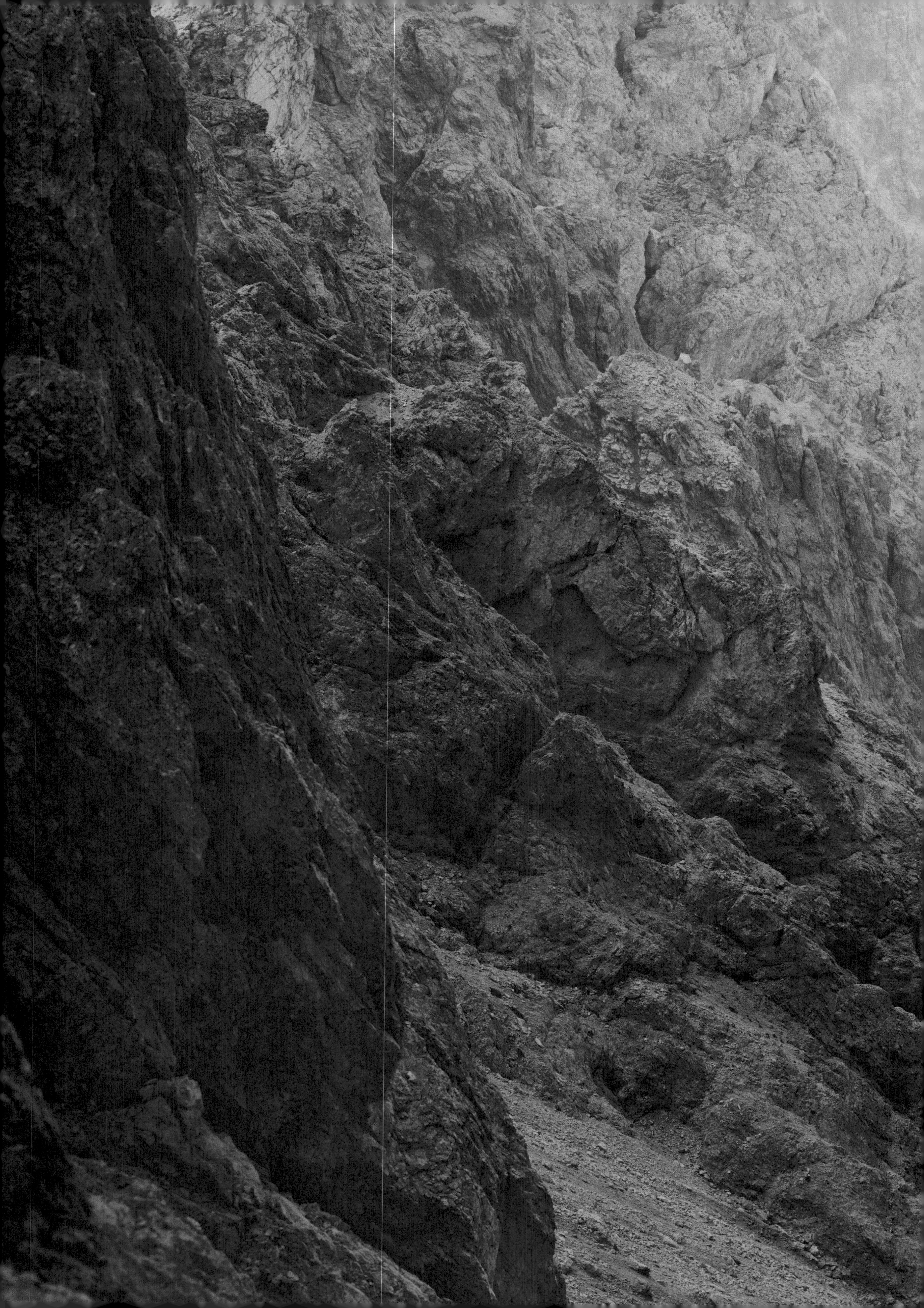

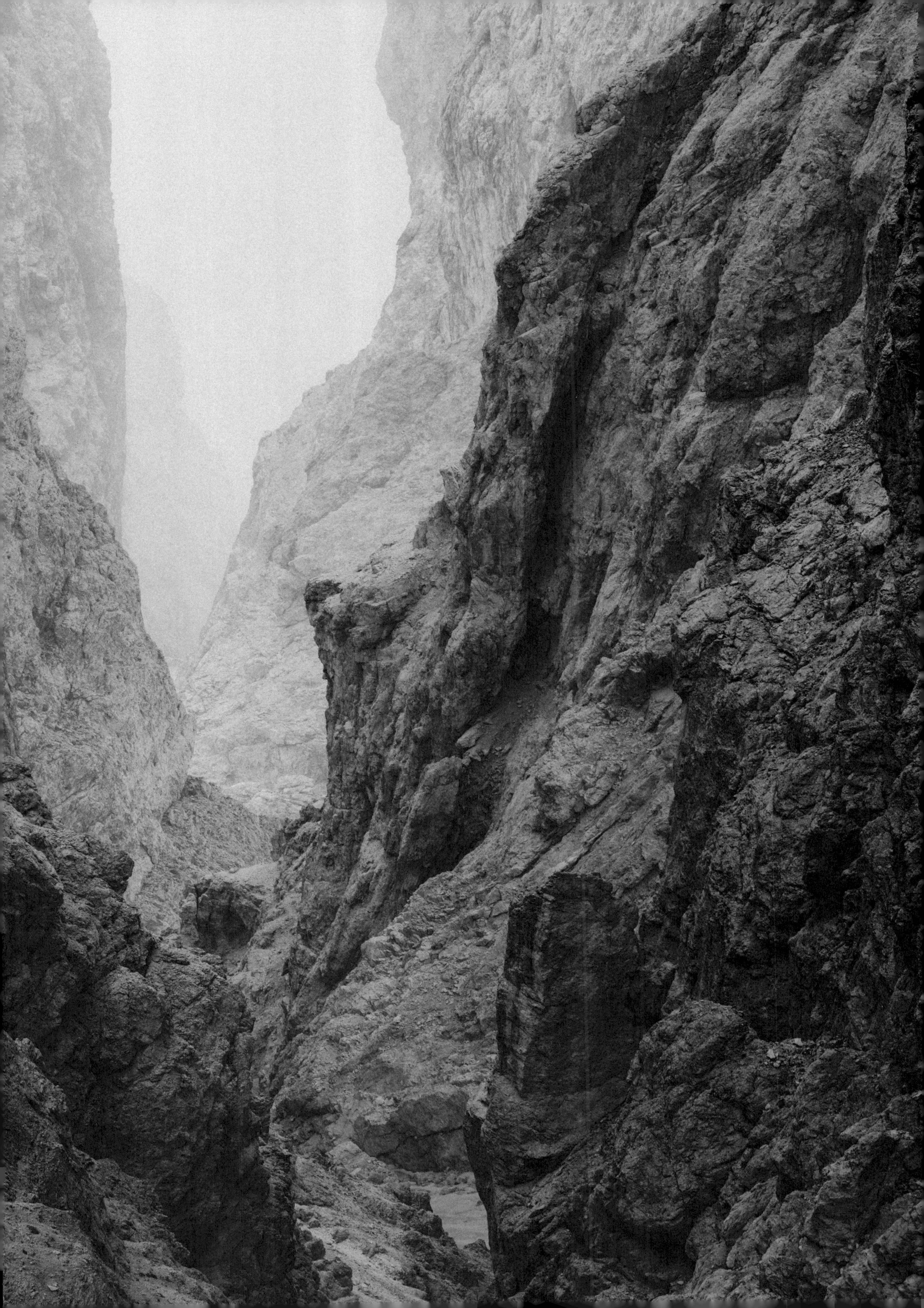

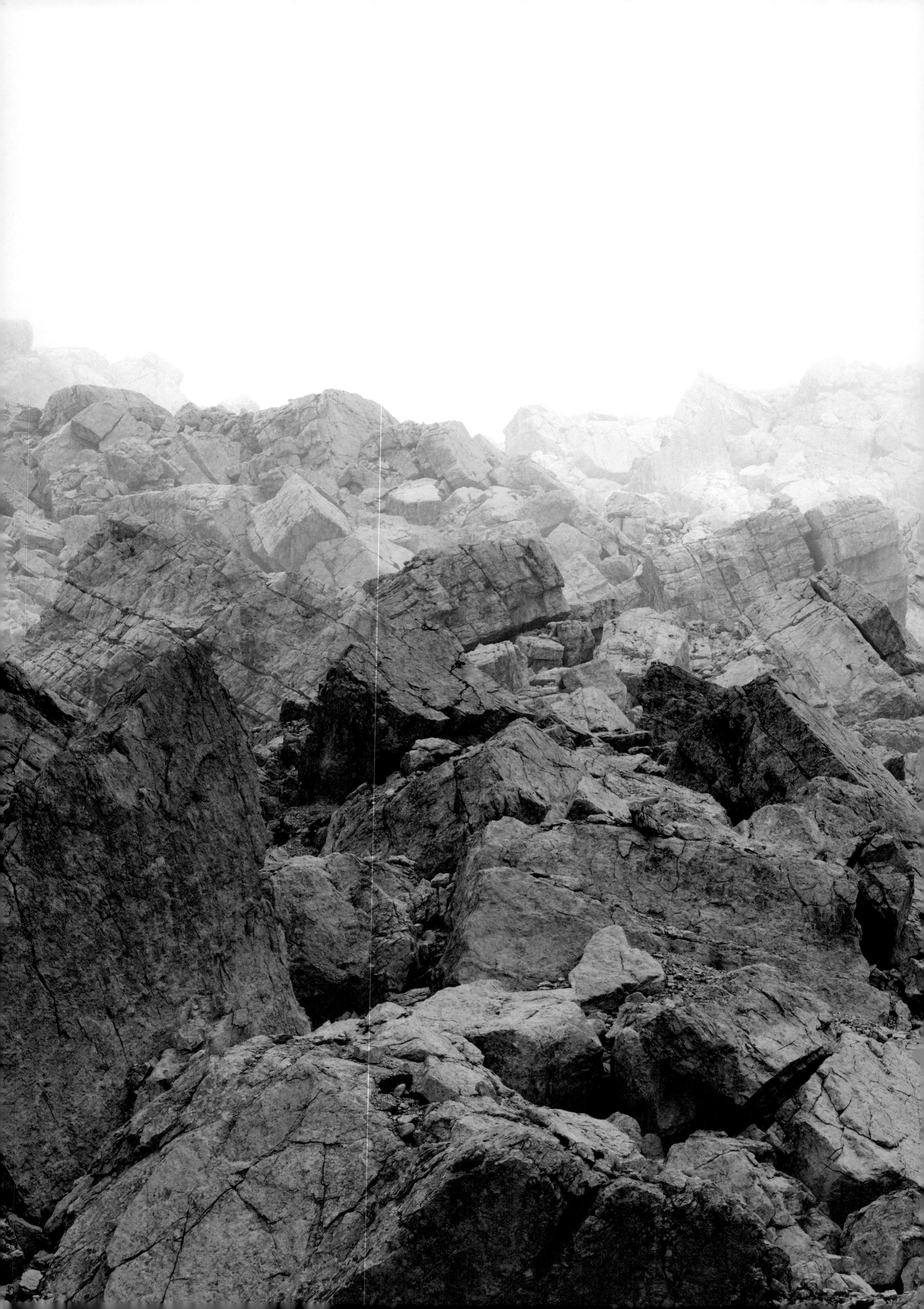

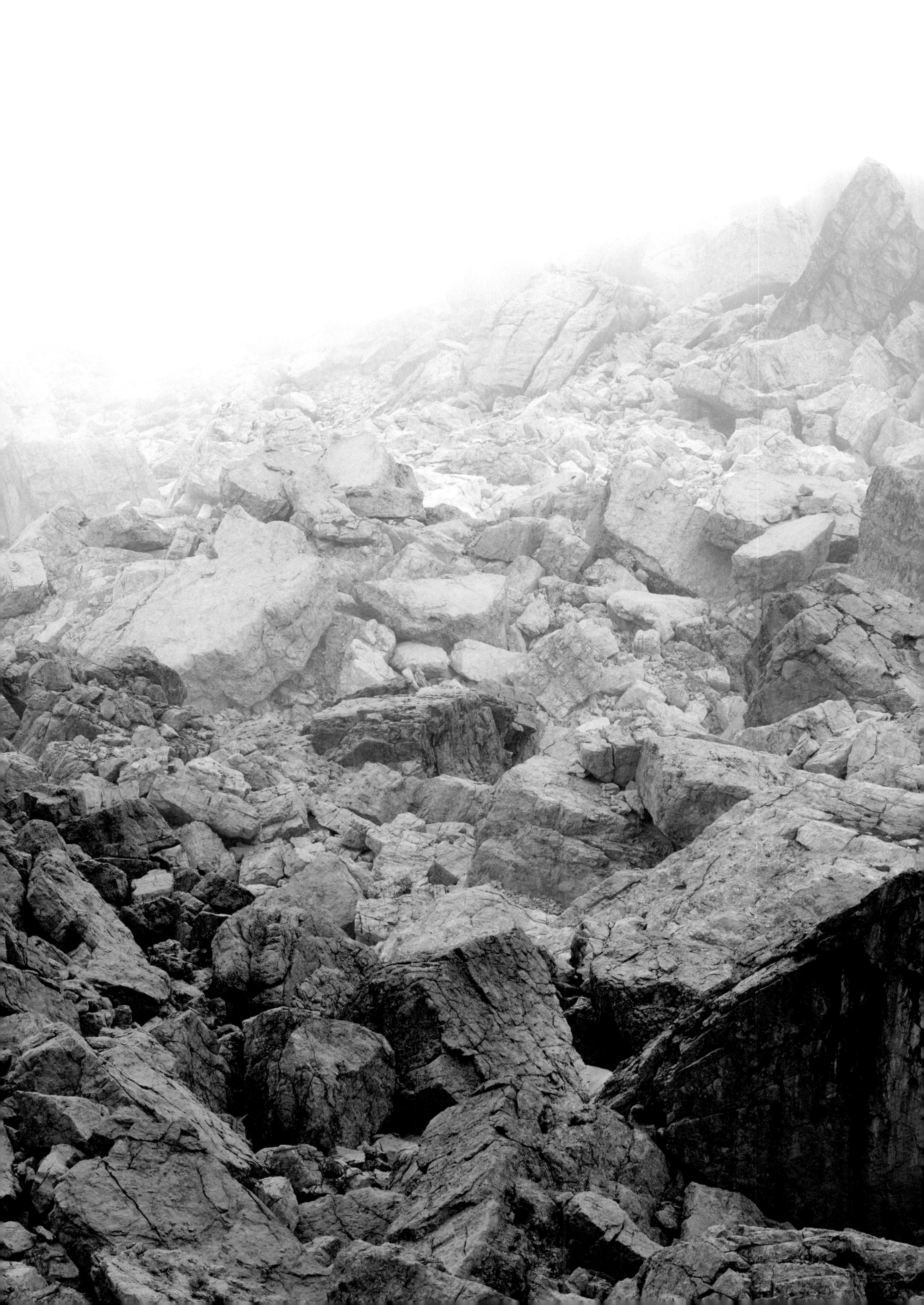

EL NOVENO DÍA
Eduardo Martínez de Pisón

El artista es un creador de mundos. Por mucho que fabule, sin embargo, su materia está hecha de la Tierra y vuelve a ella, como la piedra, el agua o el ciclo de la vida. El artista puede pintar con fotografías, componer con las formas del planeta nuevos planetas. Entonces su obra es una nueva realidad, acaso organizadora de paisajes inexistentes, fabricados con genio desde los panoramas reales.

El artista hace montañas ideales que nacen y se multiplican desde las montañas tangibles y solo existen en su modo de mirar el mundo y de contárselo gráficamente al observador afín. Sube con esfuerzo por un abismo, llega a una cornisa de roca, mira a su alrededor, pasa un día y una noche a la intemperie observando en soledad la luz que rebota en los espejos de piedra, que se introduce por los rincones o hace sombríos los huecos en el limitado cuadro de la vista. El paisaje entonces, si queremos, crece, se repite, se extiende, aumenta desde sus propias pautas en el ojo de quien mira y adquiere una magnitud sublime. Lo bello se reproduce y acrecienta, engendra otra dimensión de sí mismo.

Probablemente Burke y Kant tenían algo de razón. Pero lo bello puede ser sublime y lo sublime bello. Ya no es preciso hacer distinciones, han pasado siglos. Podemos hacer lo sublime como una dimensión potenciada de lo bello. Para Burke lo bello necesitaba ser pequeño y lo sublime grande: para fabricar panoramas sublimes, agrandemos entonces los mundos. Pero si miramos con detalle el universo que se encuentra en una geoda abierta, el paisaje cristalino es tan sublime como una cordillera que sobrepasa las nubes. Y quien ve la montaña inmensa sorprende más belleza que si observa una maceta.

El artista del que venimos hablando maneja la noción de lo infinito artificial, a partir del infinito (o sensación de infinito) logrado por la técnica en la sucesión de lo uniforme, que Burke aplicó a cierta arquitectura, traspasado a la montaña, que también es arquitectónica. Sería más preciso decir que concierne a una estética constructiva. De este modo, ese artista consigue diseñar mundos donde yo querría estar. Entrar, recorrer, observar, vivir en esos lugares que son potencias de los lugares. Subir por tal pedrera, oír el rodar de las piedras a mi paso, entrar por tal fisura, sentarme en una repisa del precipicio, avanzar hacia donde da la luz, mirar desde aquel cerro, en efecto, estar allí como si fuera realidad, ganar esas cumbres interminables que se han desplegado en telones sucesivamente brumosos ante mí en montañas superlativas.

Estos paisajes recreados me han ganado y no sé si hasta hacen daño a mi veneración por la forma de la naturaleza real. Maselli ha multiplicado mis montañas como si estuviera dotado de poderes milagrosos; tal vez las busque luego y no las encuentre, como ocurre con los relatos bien contados. Sus fotos de infinitos sublimes artificiales no permiten un regreso fácil a la geografía.

Decía Poe, y luego intentó pintarlo el gran Magritte, que el arte verdadero supera a la realidad natural y se inventó un jardinero que mejoró con su obra el paisaje. Maselli es un jardinero de montañas. Las planta, las poda, las cambia de lugar. Ha ido a recoger las semillas a lugares perdidos y peligrosos y con ellas construye mundos como si estuviera en el noveno día de la creación.

THE NINTH DAY
Eduardo Martínez de Pisón

The artist is a creator of worlds. As much as he fables, however, the matter he uses comes from the Earth and returns back to it, like stone, water or the cycle of life. The artist can paint with photographs or compose new planets based on the forms in ours. Thus his work becomes a new reality, somehow shaping non-existent landscapes craftily designed from real scenery.

The artist builds ideal mountains that rise and grow in number out of our world's tangible mountains, and they only exist in his way of viewing the world and expressing it graphically to sympathetic observers. He struggles to climb up to the edge of an abyss, reaches a precipice in the rock, looks around and spends a day and a night exposed to the elements, gazing in solitude at the light reflecting off of stone mirrors, coming in around corners and giving a sombre aspect to the niches of his limited vantage point. Thus, if we want it to, the landscape grows, recurs, stretches out and expands on its own terms in the eyes of those who behold it, acquiring a sublime magnitude. The beautiful is reproduced and amplified, engendering another dimension of itself.

Burke and Kant were probably right to a certain extent. However, what is beautiful may be sublime, and the sublime beautiful. There is no point in distinguishing them now that centuries have passed. We can turn the sublime into an enhanced dimension of the beautiful. To Burke, the beautiful had to be small and the sublime large: to produce sublime scenes, we therefore magnify worlds. However, if you look very closely at the universe found in an open geode, the crystalline landscape is as sublime as a mountain range that cuts through the clouds. And those who see an immense mountain are surprised by greater beauty than they are when watching a flowerpot.

The artist we have been discussing deals with the notion of the artificial infinite on the basis, of the infinite (or a sensation of the infinite) achieved through the technique of repeating the uniform, which Burke applied to a certain architecture, used in this case with mountains, which are also architectural. It would be more accurate to say it involves an aesthetics of construction. This allows the artist to design worlds where I feel like staying. Entering, exploring, watching and living in those places, in potential versions of themselves. Scaling such a great pile of stones, hearing them roll as I pass by, going in through that fissure, sitting at the edge of that precipice, moving towards the light, gazing from those heights, actually being there as if it were a real place, conquering those endless peaks that have unfurled before me onto successively misty canvases as superlative mountains.

These recreated landscapes have won me over, though I am not sure whether they are damaging to my worship of the forms in true nature. Maselli has copied my mountains, as if he possessed miraculous powers. I may seek them out later without finding them, as is the case with well-told tales. His pictures of artificial, sublime and infinite expanses allow for no easy return to commonplace geography.

As Poe once said and the great Magritte later attempted to paint, true art is greater than natural reality, so the writer invented a gardener who improved the landscape through his work. Maselli is a gardener of mountains. He plants them, trims them and places them in different locations. He has gone out to gather seeds in faraway, dangerous places and uses them to build worlds as if he were living the ninth day of creation.

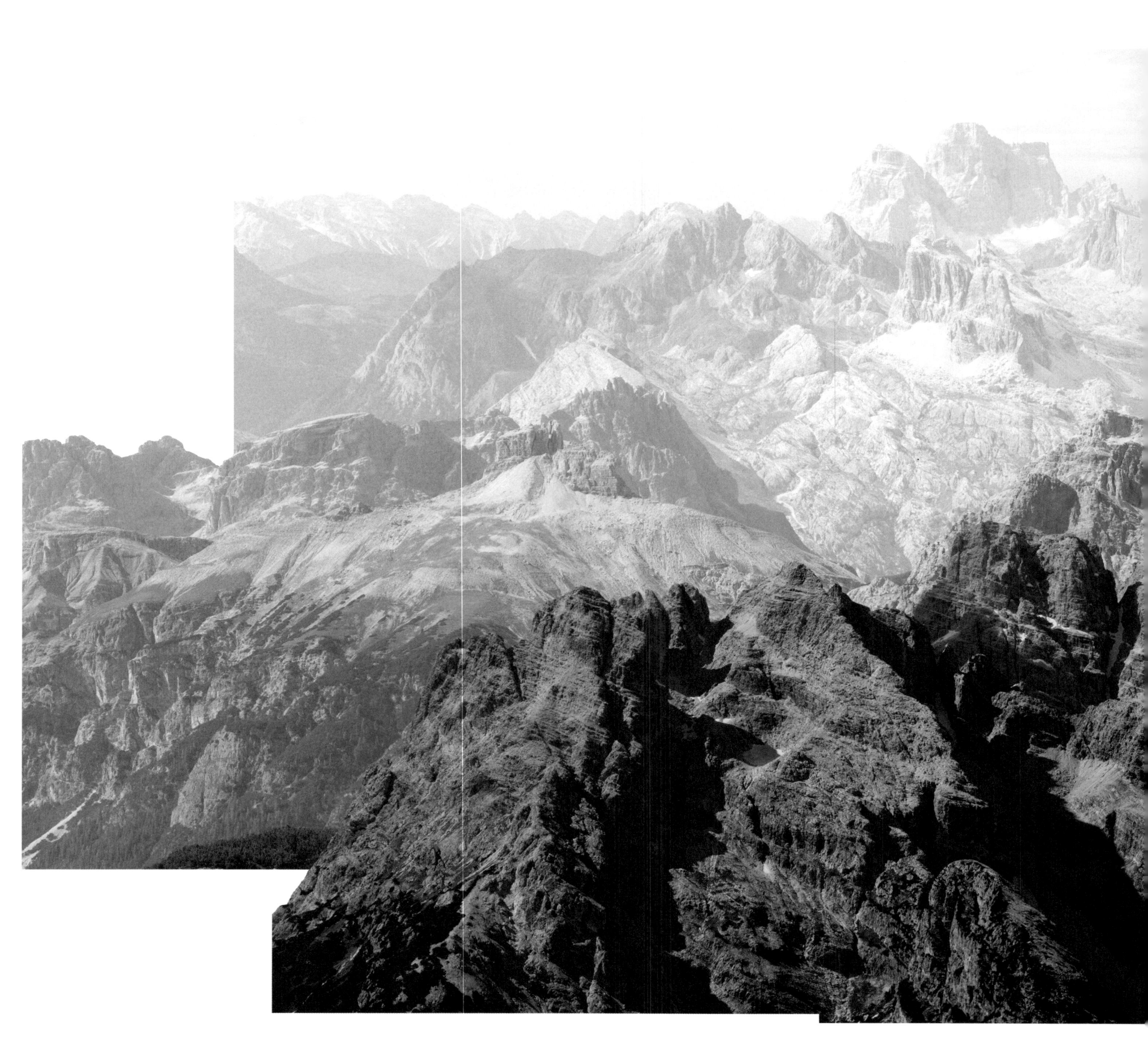

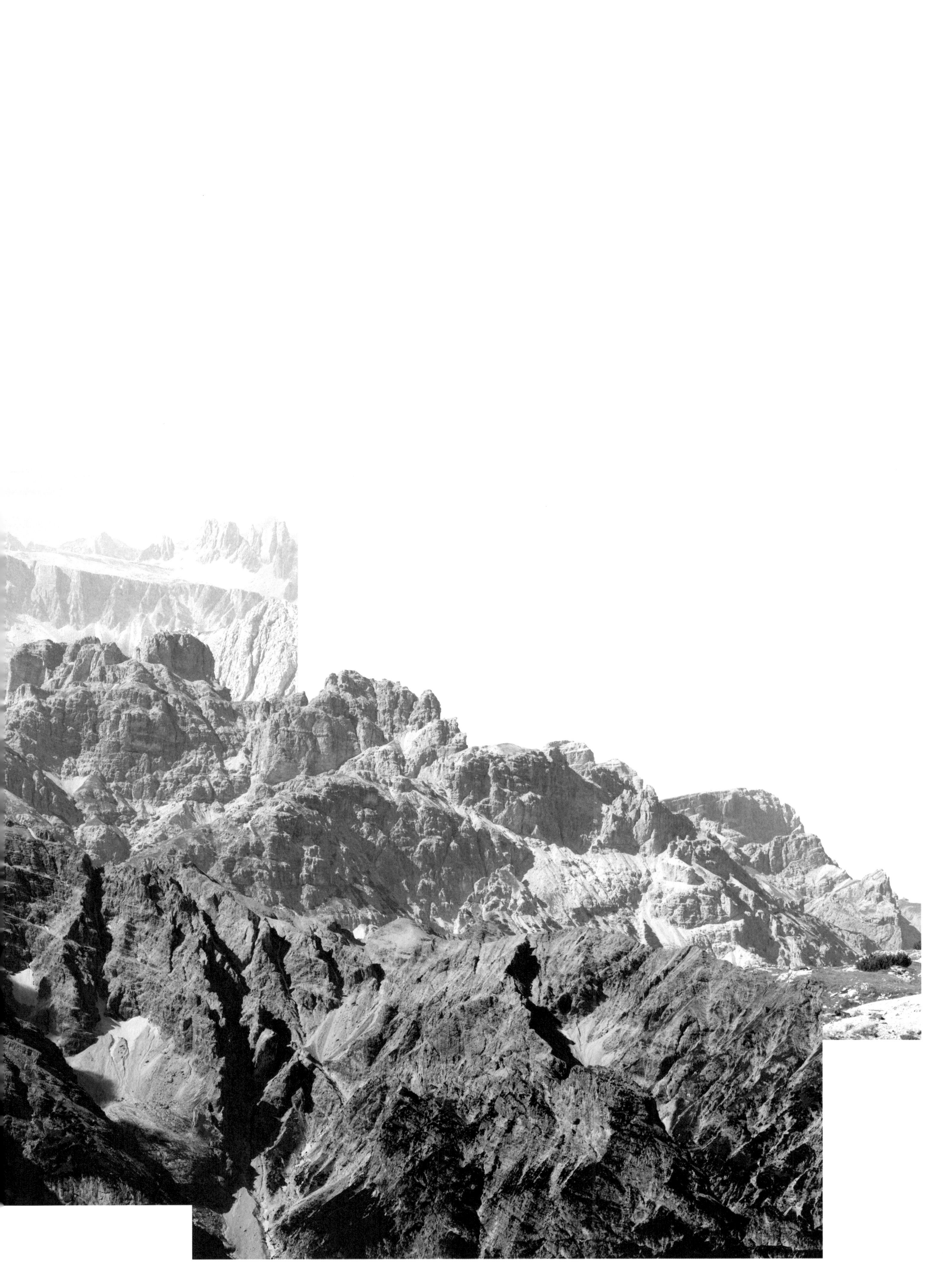

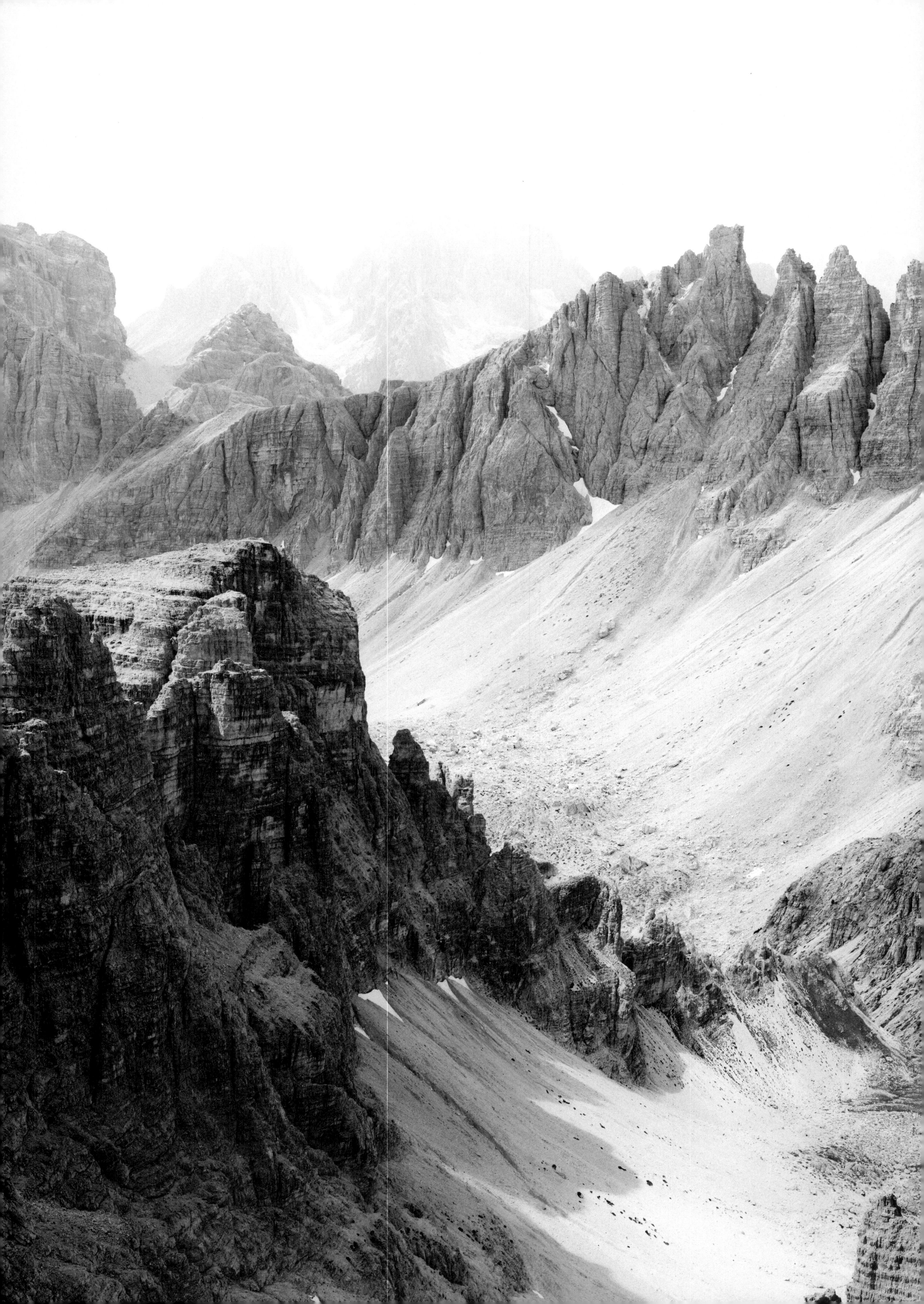

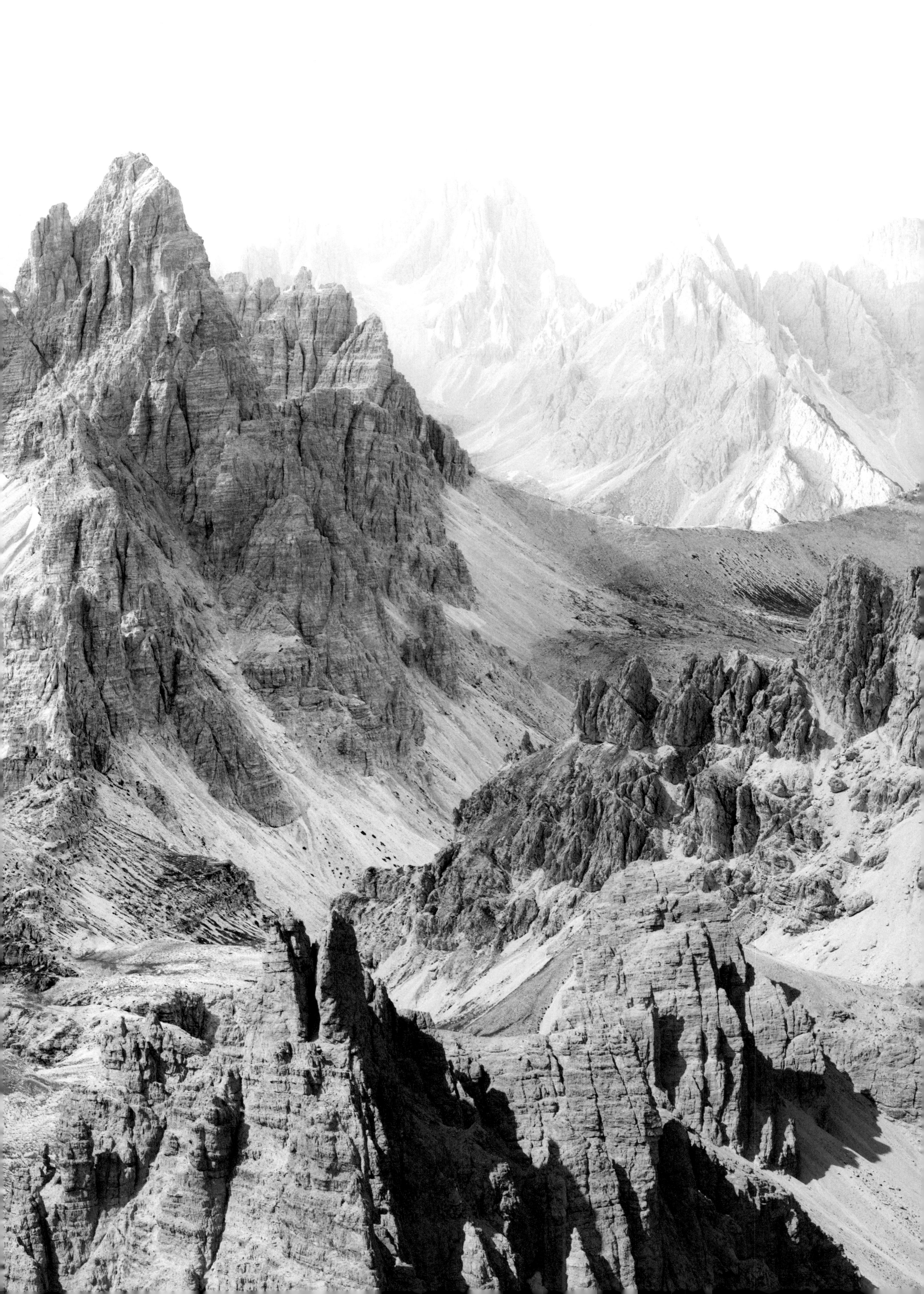

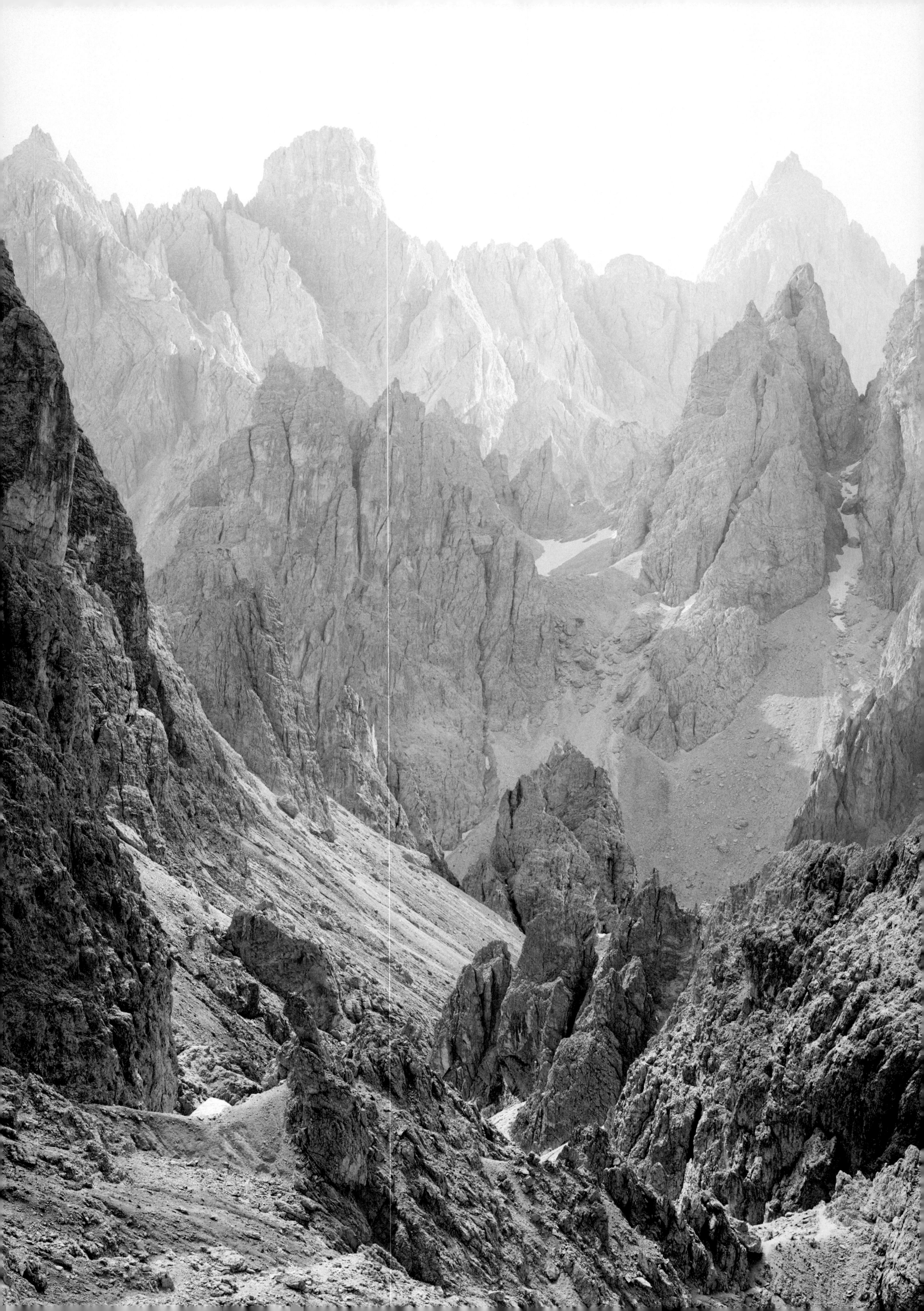

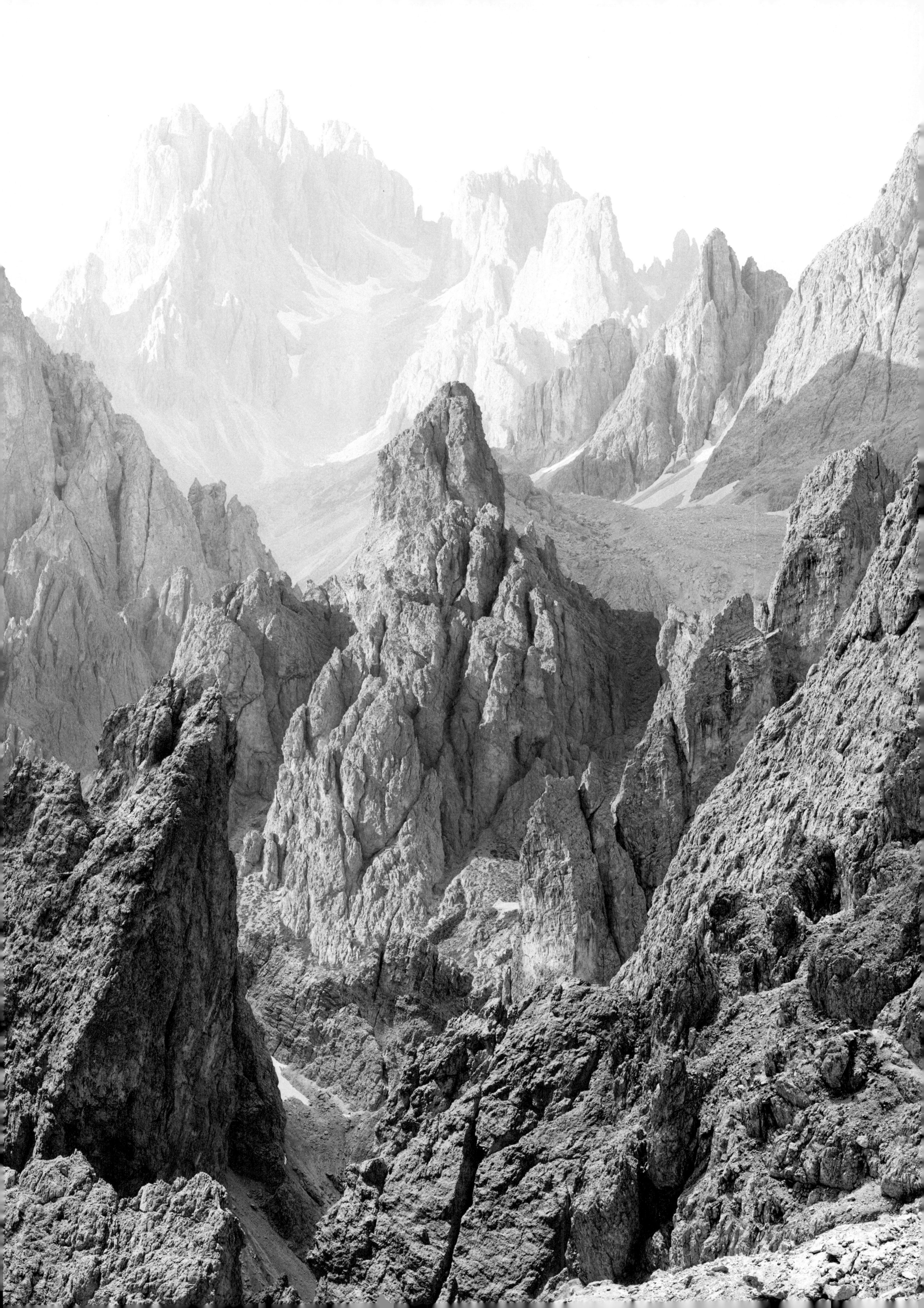

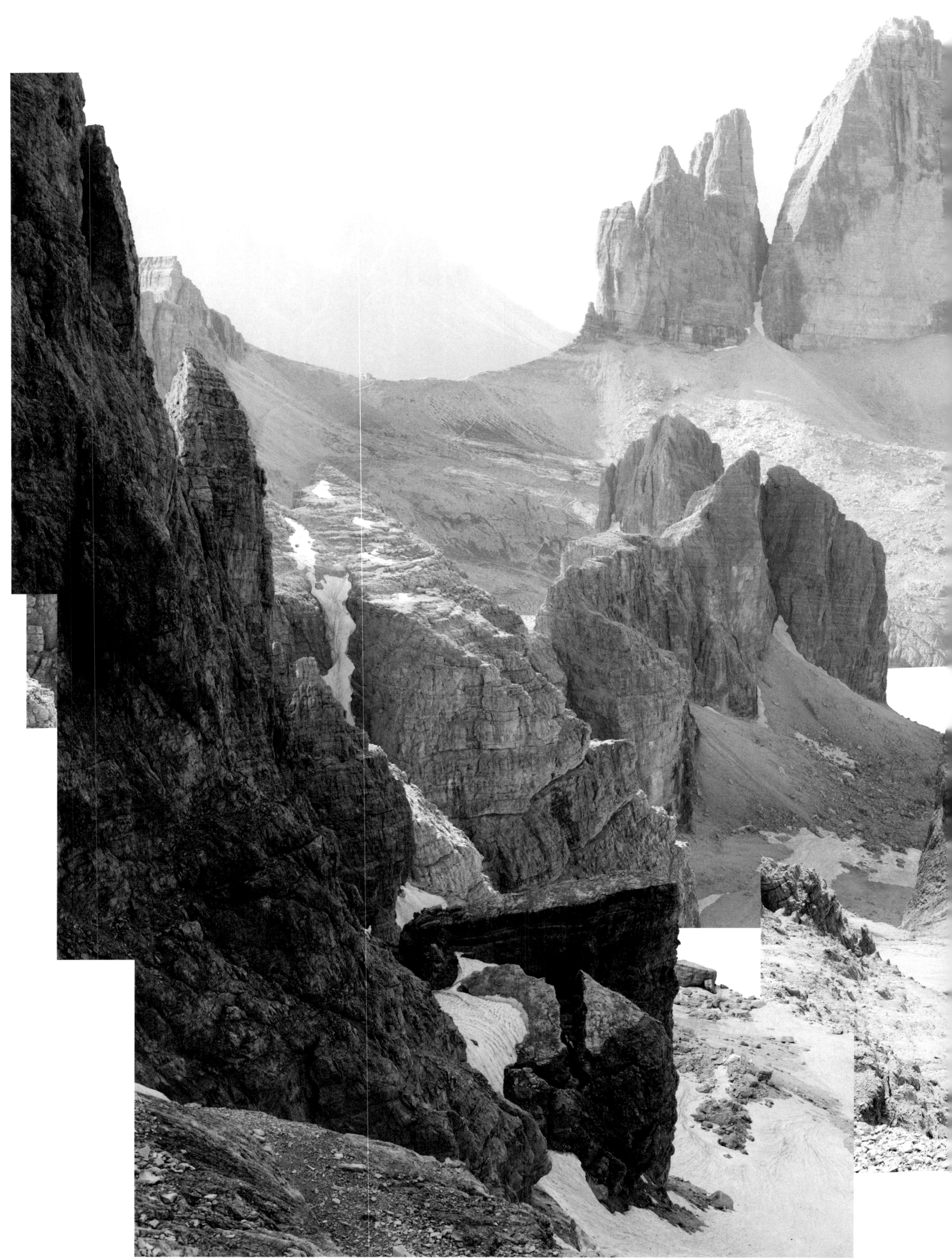

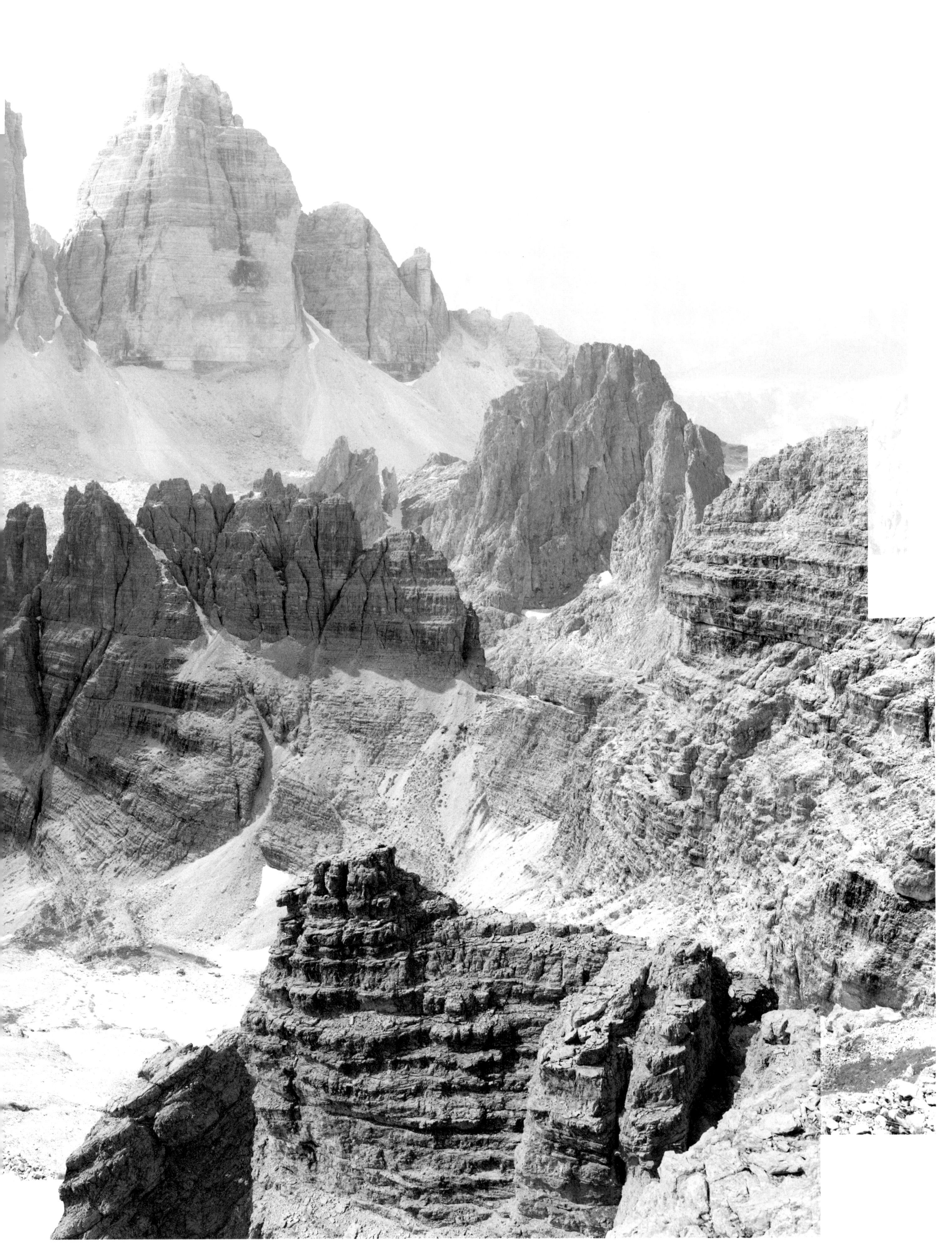

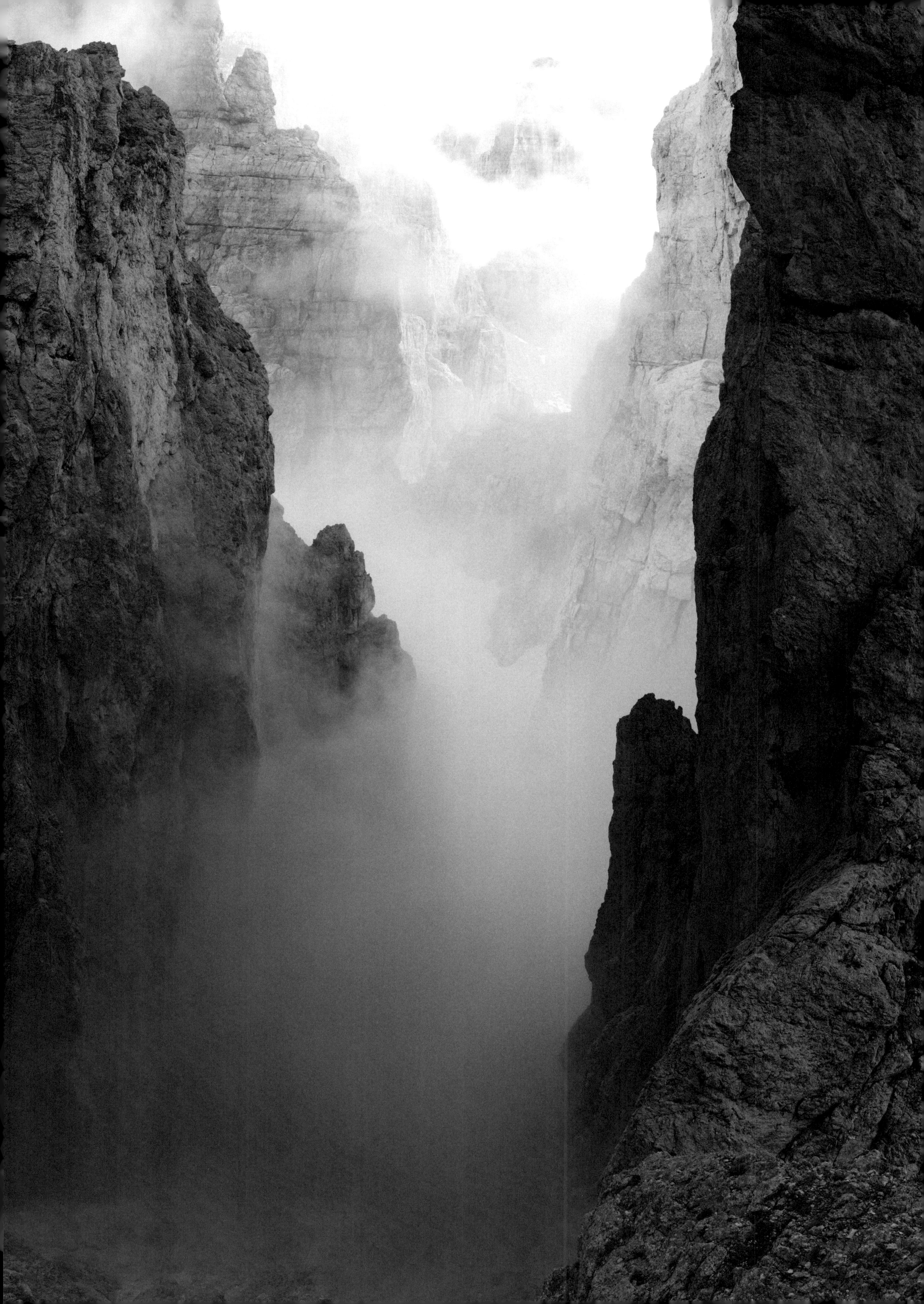

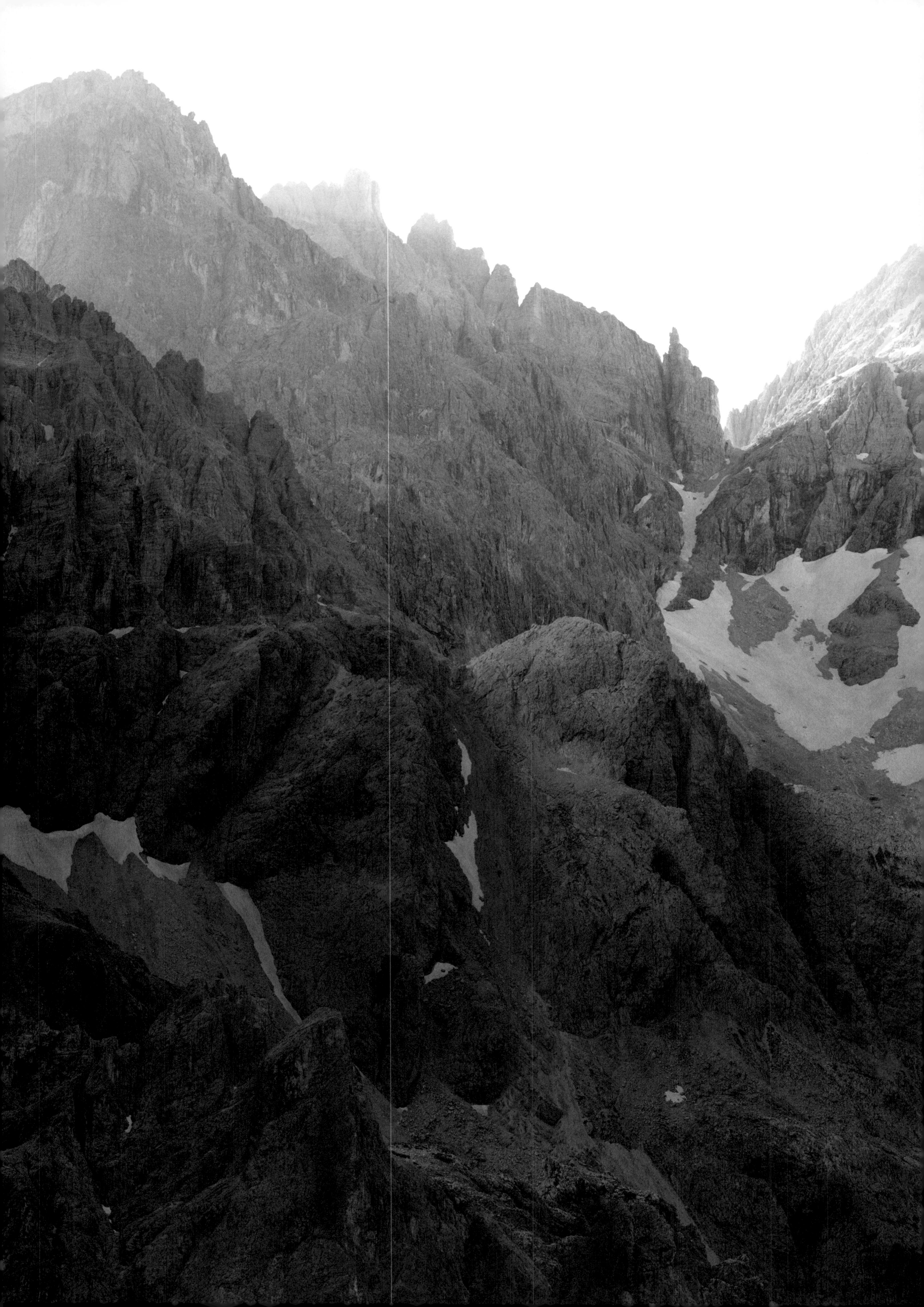

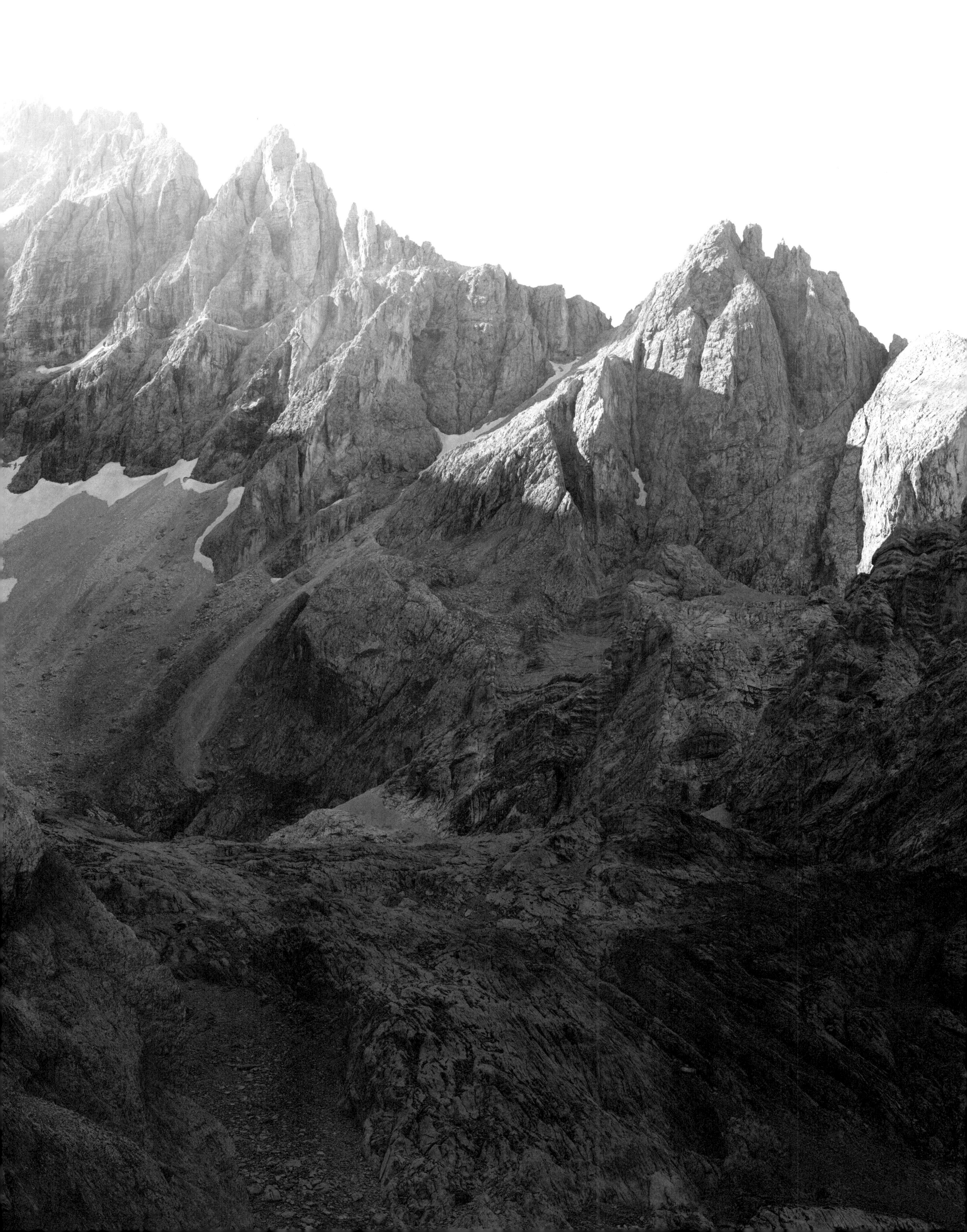

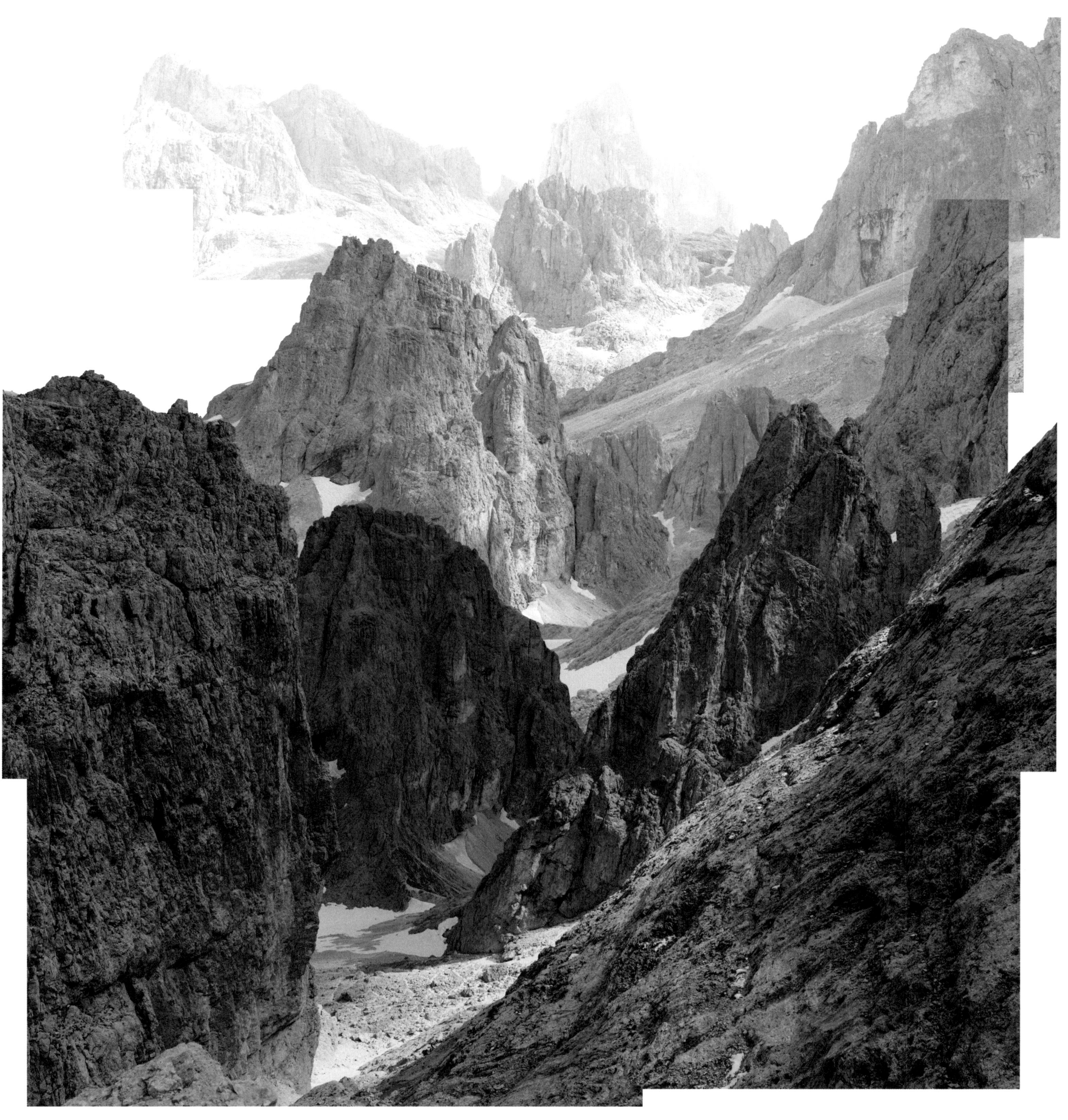

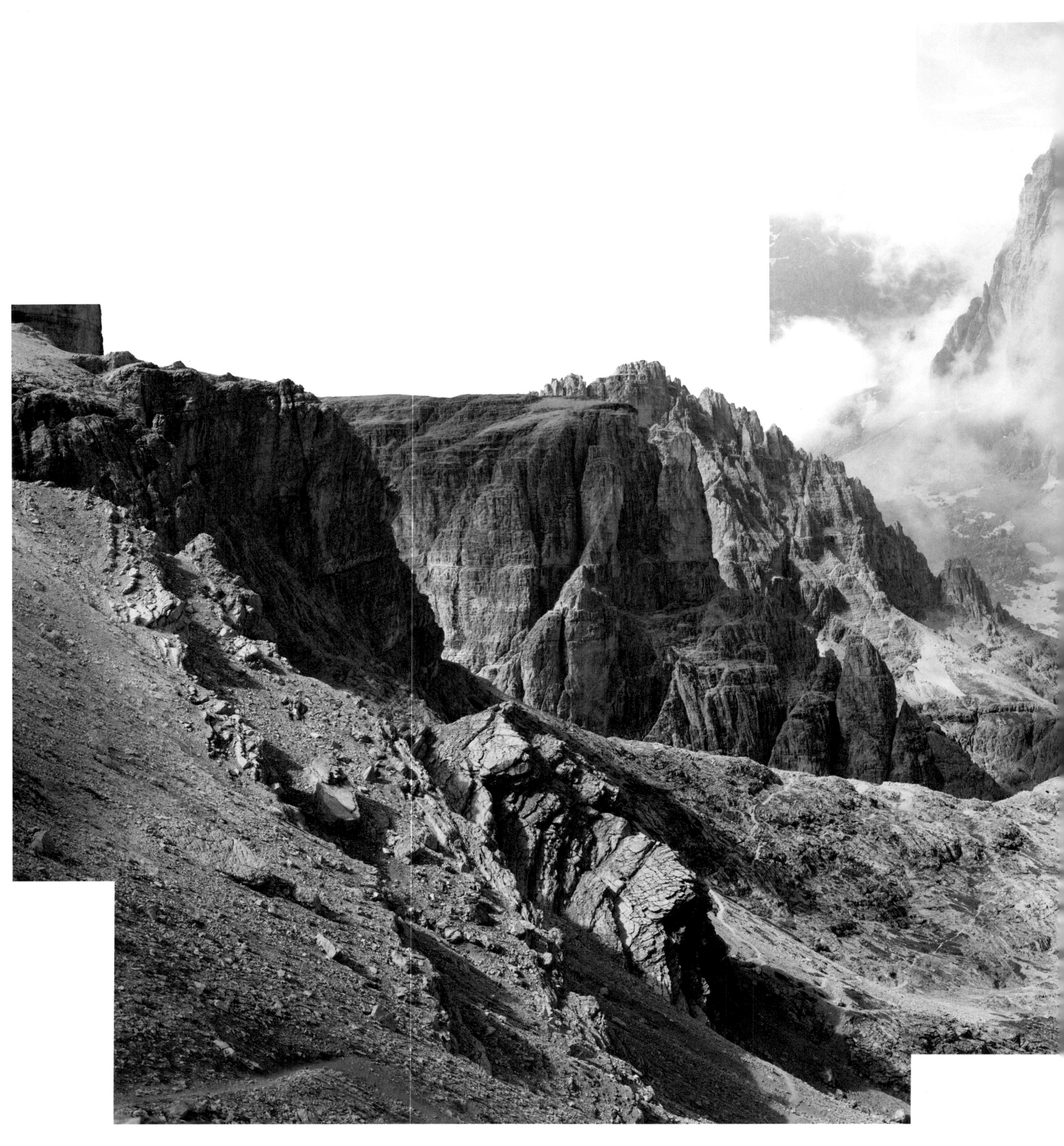

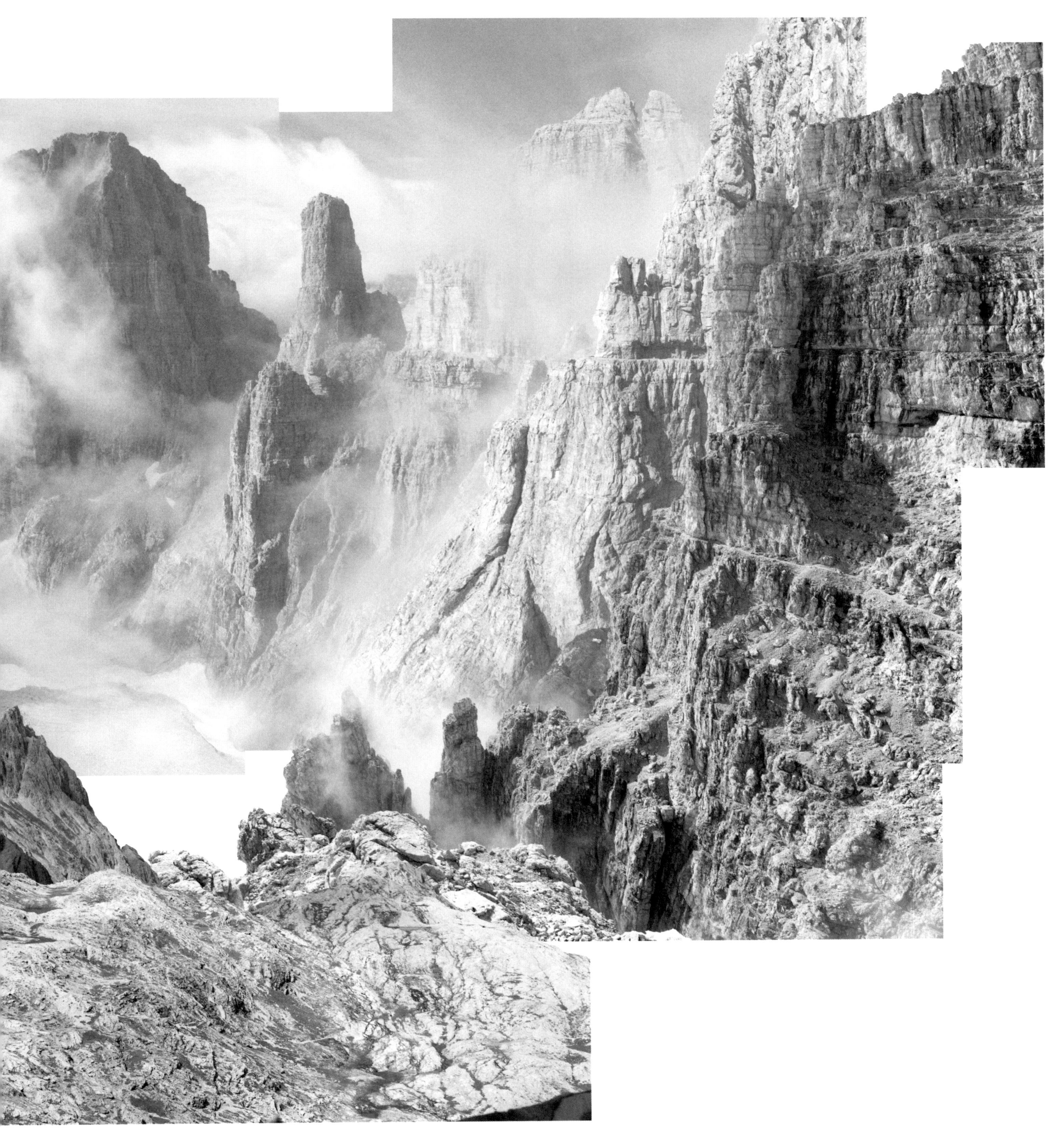

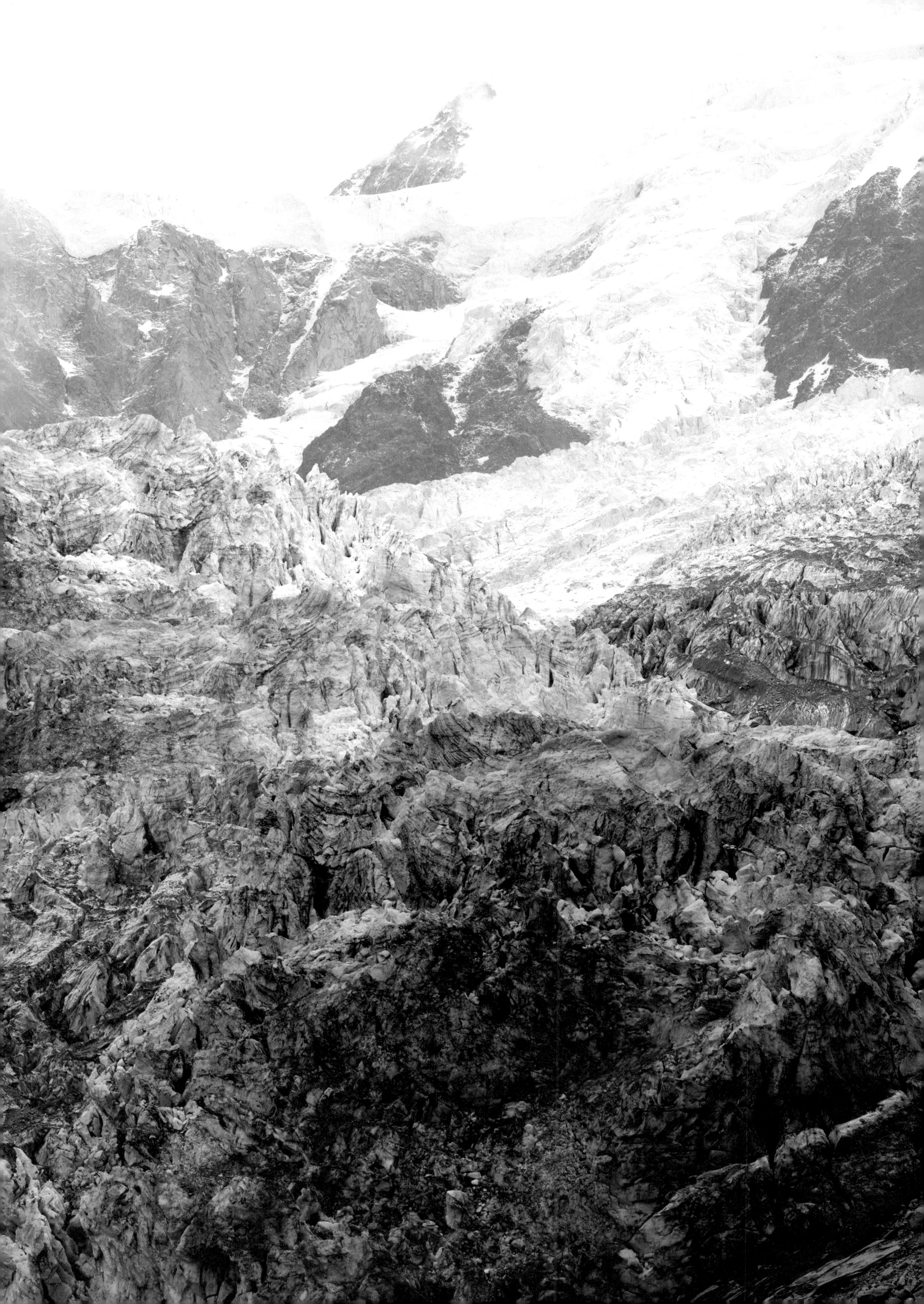

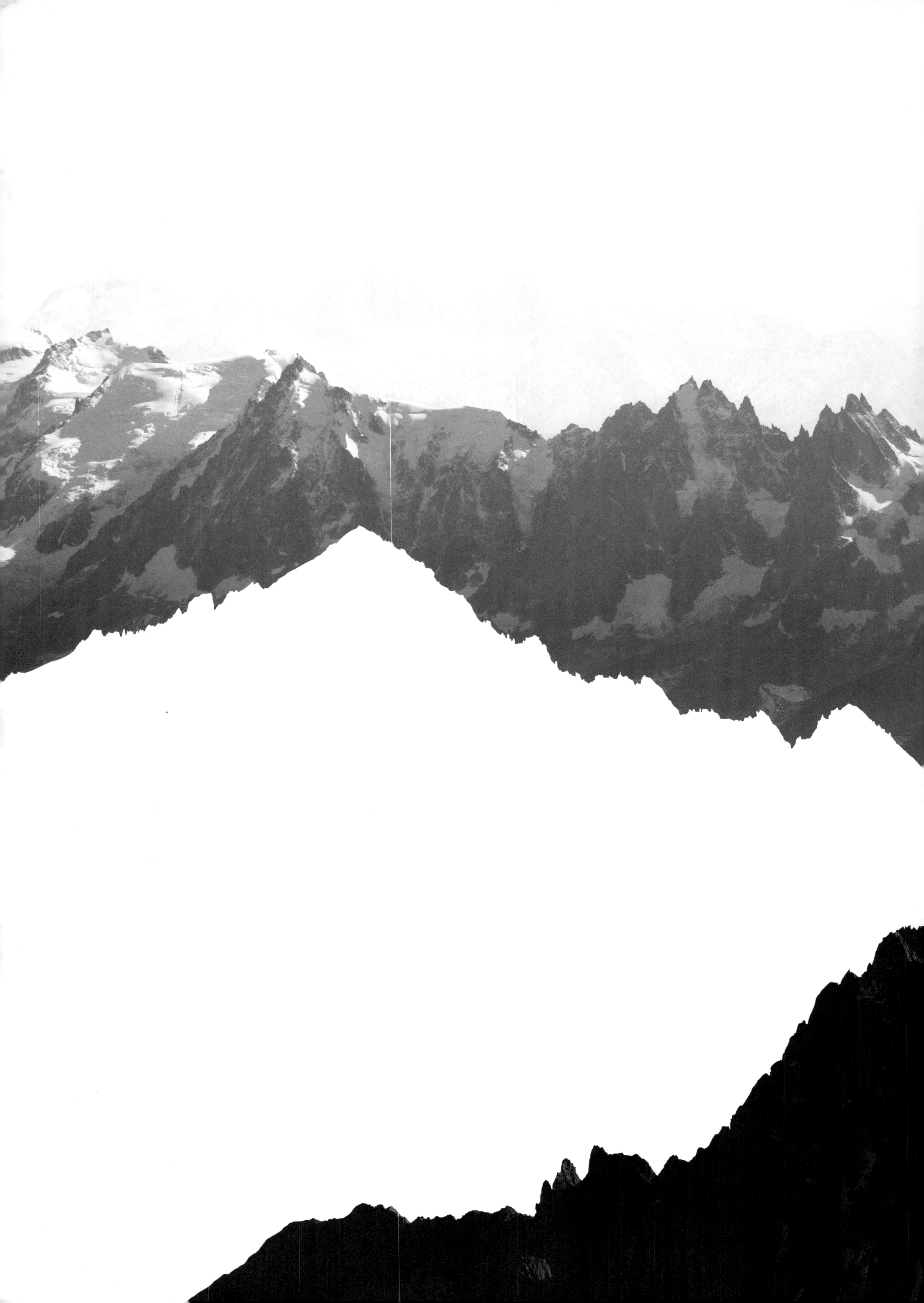